Einführung - Istanbul heute

1: Innenhof der Blauen Moschee

2: Die Blaue Moschee

3: Im Inneren der Blauen Moschee

Istanbul ist eine der lebhaftesten und spannendsten Städte der Welt. Beiderseits des Bosporus gelegen, überbrückt sie sowohl geographisch als auch kulturell die Grenze zwischen Europa und Asien. Istanbul ist der letzte Vorposten der westlichen Welt und gleichzeitig das Tor zum Nahen Osten. Moscheen stehen unmittelbar neben Kirchen, Basare, in denen schon seit Süleymans Herrschaft im 16. Jahrhundert Handel getrieben wird, grenzen unvermittelt an exklusive Nachtclubs und die Fischer Istanbuls verkaufen ihren Fang im Schatten mächtiger Kreuzfahrtschiffe aus aller Welt.

Dabei besteht Istanbul aber tatsächlich aus zwei Städten. Sultanahmet ist das historische Herz der Stadt, wo sich die großen Monumente des antiken Konstantinopel innerhalb der Überreste der alten Stadtmauern zusammendrängen. Auf der anderen Seite der Galata-Brücke, die über das Goldene Horn, einen Nebenarm des Bosporus, führt, liegt Taksim. Hier, im Geschäftszentrum Istanbuls mit seinen westlich aussehenden Hotels und vornehmen Designer-Läden geht es weniger exotisch zu. Zwei weitere, eindrucksvoll die Schwerkraft überwindende Brücken überqueren den Bosporus selbst und verbinden so die ruhigeren Wohngebiete am asiatischen Ufer mit der pulsierenden Metropole.

Die ungeheure Dichte und Vielzahl von Palästen, Moscheen und historischen Stätten verführen Besucher dazu, wieder und wieder nach Istanbul zurückzukehren. Abgesehen von der ehrfurchtgebietenden Architektur der Stadt und ihrer unerreichten allgegenwärtigen Vergangenheit übt allein schon das bunte Leben in Istanbuls Straßen selbst einen unwiderstehlichen Reiz aus. Teeverkäufer lassen ihre Tabletts mit den tulpenförmigen Gläsern an ihren Fingerspitzen baumeln und bahnen sich lässig ihren Weg durch die Menge. Kleine Jungen und erwachsene Männer stehen mit Schuhpolitur-Flaschen, deren kunstvolle Messingkappen die Aufmerksamkeit erregen, und einem ganzen Sortiment von Lappen am Weg und bieten den Passanten an, ihnen die Schuhe zu putzen. Lastenträger hasten vorbei, tief gebeugt unter dem enormen Gewicht auf ihren Holzgestellen, die sie mit verlockend aussehenden Fetzen kostbarer Teppiche gepolstert haben. Straßenhändler eines moderneren Zuschnitts bieten vor einer Szenerie traditioneller Häuser mit geschnitzten und mit Läden versehenen Balkonen alles von Sportsocken bis zu

Digitaluhren zum Verkauf an. Gerüste aus komplizierten Palisaden aus rohem Holz kleiden im Bau befindliche Gebäude ein, während manch ein Bürgersteig abrupt in einem Loch endet, das einen ganzen Esel verschlucken könnte.

Der Islam ist die vorherrschende Religion Istanbuls, und so werden das Stimmengewirr der Straßen und der unablässige Verkehrslärm regelmäßig von der eindringlichen Stimme der Muezzine unterbrochen, die die Gläubigen fünfmal am Tag zum Gebet rufen, genauso, wie sie es schon seit Hunderten von Jahren tun.

4,5,6: Schuhputzer

7: Kaiser-Wilhelm-II.-Brunnen

Folgende Seiten:
8,9,12: Traditionelle Holzhäuser in den Seitenstraßen Istanbuls
10: Türke
11: Die Universität von Istanbul

Ein Blick in die Vergangenheit

Aus einem bescheidenen Fischerdorf an den Ufern des Bosporus entwickelte sich eine Stadt, die für tausend Jahre die Hauptstadt der Antike und des Mittelalters war. Byzanz kann sich mit seiner Architektur, seiner Handwerkskunst und seinem Reichtum wie auch mit seinen Beiträgen zu Philosophie, Kunst, Theologie sowie zur Rechtslehre durchaus mit Rom, Athen, Jerusalem und Paris messen.

Der Überlieferung zufolge wurde die Stadt von einem Griechen, Byzas von Megara, siebenhundert Jahre vor Christi Geburt gegründet. Das Orakel von Delphi hatte ihm geraten, nach einer Stelle "gegenüber der Stadt der Blinden" zu suchen. Er interpretierte dies als einen Hinweis auf die erst kurz zuvor gegründete Kolonie Kalchedon, heute die Istanbuler Vorstadt Kadiköy. Dort hatten die Siedler die günstige Lage der gegenüberliegenden Halbinsel, die auf zwei Seiten vom Wasser geschützt war und mit dem Goldenen Horn über einen eigenen natürlichen Hafen verfügte, ignoriert und sich stattdessen am gegenüberliegenden Ufer angesiedelt.

Byzanz betrieb seinen Handel über einen Zeitraum von tausend Jahren und prosperierte, doch stand es über die gesamte Zeit unter der Schirmherrschaft des Römischen Reiches. Zu Beginn des vierten nachchristlichen Jahrhunderts beschloss Kaiser Konstantin der Große jedoch, Byzanz in den Rang der östlichen Hauptstadt des Reiches zu erheben. Er erneuerte die Stadt, vergrößerte sie und gab ihr den Namen "Neues Rom". Sehr bald aber wurde sie ihm zu Ehren allgemein nur noch Konstantinopel genannt.

Justinian, der zwei Jahrhunderte nach Konstantin herrschte, vermehrte die Macht der Stadt und schließlich wurde sie mit dem Zerfall des Römischen Reiches zum Mittelpunkt des Byzantinischen Reiches; er sicherte sich seinen Platz in der Geschichte durch den Bau der Hagia Sophia, der Kirche der Heiligen Weisheit, die für tausend Jahre die prachtvollste Kirche der Christenheit bleiben sollte. Das byzantinische Erbe umfasst darüber hinaus ein hochentwickeltes Wasser- und Abwassersystem, wunderschöne Mosaiken und das große Hippodrom, in dem die überaus beliebten Wagenrennen stattfanden. Man kann diese Pferderennbahn mit einem modernen Fußballstadion vergleichen, und wie ein solches war sie eine Art Barometer des gesellschaftlichen Klimas. Sammelten sich unzufriedene Menschenmengen bei den Rennen, war dies ein verlässliches Anzeichen, dass ein Herrscher in Schwierigkeiten geraten würde.

Es war unvermeidlich, dass Konstantinopel im Verlauf der Jahrhunderte nacheinander von Persern, Arabern und Bulgaren überfallen wurde, die - allerdings vergeblich - Konstantinopels Reichtum und Macht in ihre Hände zu bringen trachteten. Aber erst die Kreuzfahrer schlugen schließlich eine Bresche in die schützenden Stadtmauern, plünderten die

13: Fischmarkt

14: Fischerdorf am Bosporus

Folgende Seiten:
15: Süleyman-Moschee

16: Strickender Moslem

17: Der Markt von Kumkapi

17

Stadt und ließen sie geschwächt und verwundbar zurück. Gleichzeitig bildete sich im Osten ein neues Machtzentrum, und so war es nur eine Frage der Zeit, bis sich das Byzantinische Reich am Ende einer siebenwöchigen Belagerung den Osmanen unterwarf. Trotz ihres islamischen Glaubens rissen die neuen Herrscher die prachtvolle Hagia Sophia jedoch nicht nieder, sondern passten sie, wie zahlreiche weitere Gotteshäuser, schlicht ihren Bedürfnissen an und weihten sie neu als Moschee.

Der berühmteste aller osmanischen Sultane war Süleyman der Prächtige, der Gesetzgeber. Während seiner Herrschaft von 1520 bis 1566 genoss die Stadt einen Wohlstand wie noch nie zuvor, und Konstantinopel beherrschte den Großteil von Nordafrika und Osteuropa sowie den gesamten Nahen Osten. Aber Süleyman war nicht nur ein brillanter Staatsmann, Kriegsherr und Stratege. Er verfügte auch über eine empfindsamere Seite. Er verfasste selbst Gedichte und war ein großzügiger Mäzen der Künste. Sein Hof zog die besten Handwerker und Künstler an, deren Kunstwerke Neid in ganz Europa und Asien erweckten. Die Werke der Töpfer, Maler, Kunstschmiede und Weber waren beredter Ausdruck der Macht, des Reichtums und des vorzüglichen Kunstsinns des Osmanischen Reiches. Das Osmanische Reich blieb noch für ein ganzes Jahrhundert nach Süleymans Tod unangefochten. Aber nach und nach forderten die Gier und die Faulheit sowohl der Herrscher als auch ihrer Untertanen ihren Tribut. Ein langanhaltender, allmählicher Niedergang setzte ein, der seinen Höhepunkt schließlich in den Unabhängigkeitskriegen zu Beginn des 20. Jahrhunderts und der Erhebung Ankaras in den Rang der neuen türkischen Hauptstadt erreichte.

Istanbul bleibt ein wichtiges wirtschaftliches und kulturelles Zentrum. Die Stadt verdankt ihre heutige Gestalt ihrer Geschichte. Man kann im modernen Istanbul kaum um eine Ecke gehen, ohne auf bedeutende Monumente ihrer bewegten und mächtigen Vergangenheit zu stoßen.

18, 19: Markt von Kumkapi

20: Der Melonenverkäufer

Moscheen und Museen

Die Hagia Sophia ist die herausragende Hinterlassenschaft des Byzantinischen Reiches. Im Jahr 532 für Kaiser Justinian erbaut, blieb diese Kirche für die Dauer eines ganzen Jahrtausends das gewaltigste Bauwerk der Welt. Sie war in einer für damalige Verhältnisse fast unvorstellbaren Größe entworfen und erbaut worden, die bis ins 16. Jahrhundert hinein unerreicht blieb.

Die Hagia Sophia war zuerst eine christliche Kirche, anschließend eine Moschee und schließlich, nach ihrer Renovierung in den Dreißiger Jahren, wurde sie in ein Museum umgewandelt. Dies war ein geschickter Schachzug, der weder Christen noch Moslems vor den Kopf stieß. Unter ihrer Kuppel, die kaum über Stützen zu verfügen scheint, findet sich eine eklektische Mischung frühchristlicher Mosaike und moslemischer Kalligraphietafeln. Die Mosaike enthalten Elemente aus Glas und Gold, die so kunstvoll angeordnet sind, dass sie Licht – insbesondere Kerzenlicht – in einer Art und Weise brechen, die den Bildnissen, unter ihnen Johannes der Täufer, die Heilige Madonna mit Kind sowie Jesus Christus, einen Anschein von Leben und Bewegung verleihen.

Die Sultan Ahmed-Moschee, die größere Berühmtheit unter dem Namen Blaue Moschee erlangt hat, ist einzigartig in der gesamten Türkei. Sie verfügt über sechs Minarette, die sie aus der phantastischen Skyline der Stadt herausheben. (Die heilige Kaaba-Moschee in Mekka hatte ebenfalls sechs Minarette, weshalb manche Gläubige es seinerzeit für vermessen hielten, ein solches Heiligtum nachzuahmen. Ihre Befürchtungen erwiesen sich jedoch als unnötig, da in Mekka noch ein siebtes Minarett hinzugefügt wurde.)

Sultan Ahmed I. ordnete den Bau dieser Moschee im Jahre 1609 mit dem ausdrücklichen Ziel an, die Hagia Sophia zu übertreffen. Allerdings gelang es nur teilweise, die technische Leistung beim Bau der Hagia Sophia tausend Jahre zuvor zu wiederholen. Der Grund für den liebevollen Kosenamen der Moschee erschließt sich sofort, wenn man sie betritt. Die Kacheln und Malereien, die das Innere der Moschee schmücken, sind in einem überwältigenden Blau gehalten. Die Moschee ist nach dem Muster eines vierblättrigen Kleeblattes erbaut, wobei ihre vier Kuppeln, die wiederum von vier kleineren Halbkuppeln ausgefüllt werden, nach den vier Himmelsrichtungen angeordnet sind. Innerhalb der Moschee befanden sich ein königlicher Pavillon und Stallungen, die heute ein Teppich- und Kilim-Museum beherbergen. Neben ausgezeichneten Beispielen geknüpfter Teppiche und flach gewebter Kilims befindet sich unter den Exponaten auch ein Nomadenzelt, die traditionelle Heimat der Kilim-Weber.

21: Innenhof der Blauen Moschee

22: Mosaik in der Hagia Sophia

Folgende Seiten:
23, 24: Im Inneren der Süleyman-Moschee
25: Innenaufnahme der Ziterne mit dem Medusa-Kopf

23

24

25

Die zwischen 1550 und 1557 für Süleyman den Prächtigen erbaute Süleyman-Moschee krönt einen der sieben Hügel Istanbuls. Alle vom Souverän gestifteten Moscheen wurden mit einer "kulliye" umgeben, einer Ansammlung öffentlicher Bauten und Einrichtungen. So befinden sich in der direkten Nachbarschaft der Süleyman-Moschee ein Hospital, ein Waisenhaus, eine Armenküche, eine Theologenschule, eine Bücherei, ein Friedhof und Bäder. Das Innere der Moschee ist atemberaubend schlicht, geräumig und mit wenigen Verzierungen dekoriert, um nicht von dem eindrucksvollen Ausmaß der Moschee abzulenken. Weitaus prachtvoller sind die Grabmale Süleymans, seiner Frau Roxelana und Mimar Sinans, des größten Architekten der osmanischen Zeit, die sich allesamt auf dem Friedhof der Moschee befinden. Die Türen von Süleymans Gruft sind mit Einlegearbeiten aus Jade, Ebenholz, Silber und Elfenbein geschmückt und die Gruft hat eine aufsehenerregende, rot-schwarz-goldene Kuppel mit Sternen als Intarsien.

Während die Blaue Moschee, die Süleyman-Moschee und die Hagia Sophia Istanbuls Skyline dominieren, ist die Rüstem-Pascha-Moschee, eine der schönsten kleineren Moscheen, zurückhaltender. Ihr Eingang verbirgt sich bescheiden in einer Ladenzeile. Eine einfache Treppe führt aufwärts zu einem Innenhof und einem Portal unter Kolonnaden, das mit den charakteristischen roten und blauen Iznik-Kacheln geschmückt ist, die schon die Attraktionen ahnen lassen, die

26: Der alte Buchbasar hinter der Bajasid-Moschee

27: Waschung

Folgende Seiten:
28: Christliche Mosaike in der Hagia Sophia

29: Bodendetail

29

den Besucher noch erwarten. Die Moschee ist mit Kacheln getäfelt, die dicht mit farbenfrohen Tulpen, Nelken und komplizierten geometrischen Mustern bedeckt sind und zu den hervorragendsten gehören, die jemals hergestellt wurden. Diese Moschee, eine der unvergesslichsten in Istanbul, wurde von Sinan für Süleymans Schwiegersohn und Großwesir, Rüstem Pascha, gebaut, als die Architektur und das Kunsthandwerk des Reiches sich auf ihrem Höhepunkt befanden.

In der Nähe des Großen Basars liegt die Bajasid-Moschee, die älteste aus der Zeit des Osmanischen Reiches in der Stadt. Sie wurde nach einem ähnlichen Plan wie die Hagia Sophia erbaut, allerdings in einem wesentlich bescheideneren Maßstab. Jenseits ihres Innenhofs mit seinen Kolonnaden liegt der alte Buchmarkt. Hier kann man hin und wieder noch einen Satz Postkarten mit Ansichten Konstantinopels um die Jahrhundertwende oder vorzügliche, handkolorierte Drucke mit Szenen aus persischen Miniaturen aufstöbern. Ein hübscher Teegarten und eine kleines Kalligraphie-Museum vervollständigen diese friedliche Oase in der Stadt.

30: Innenhof der Blauen Moschee

31: Die Blaue Moschee

32: Gewölbe der Moschee

33: Das Grabmal Süleyman des Prächtigen

34,35: Im Inneren der Süleyman-Moschee

Folgende Seiten:
36, 38: Süleyman-Moschee

37: Wanddetail der Hagia Sophia

39: Gebetsraum der Süleyman-Moschee

35

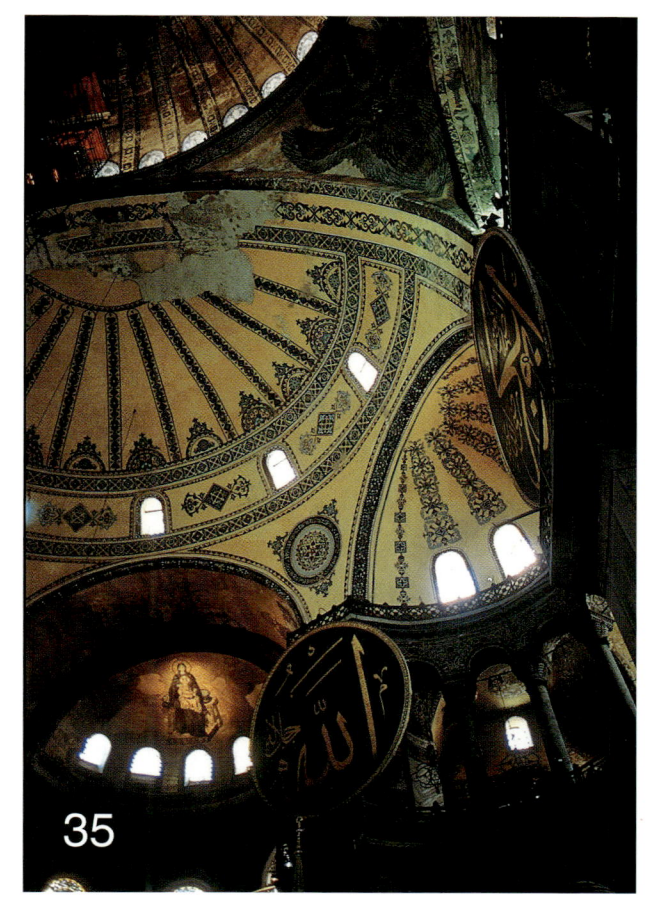

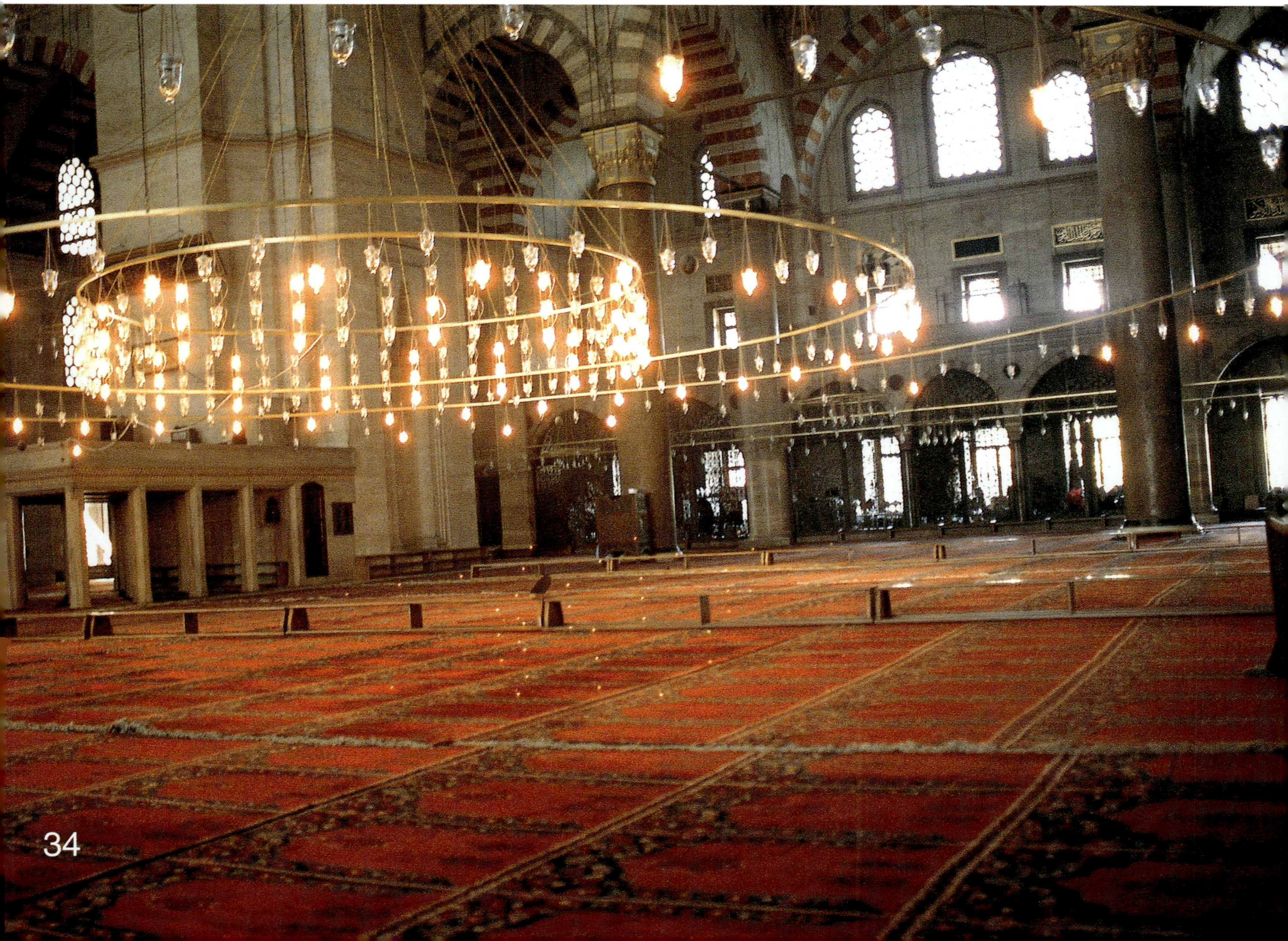

34

Das Topkapi-Serail

Das Topkapi-Serail diente den osmanischen Sultanen vier Jahrhunderte als Festung und Residenz, bis es 1853 für den Dolmabahce-Palast aufgegeben wurde. Umgeben von weitläufigen Anlagen mit Tulpengärten, Rosenbeeten, Zypressen-Alleen, Teichen und Springbrunnen sowie hier und da hübschen Buden und Gazebos für amouröse Treffen, wurde der Topkapi-Palast schließlich wieder aufgebaut und als Museum wiedereröffnet.
Der Topkapi-Palast war wie eine Miniatur-Zitadelle, komplett mit eigener Bäckerei, kaiserlicher Münze, königlichen Stallungen und dem Diwan, wo Staatsangelegenheiten geregelt wurden. Zehn Küchen versorgten den Sultan und sein Gefolge. Zwei von ihnen widmeten sich ausschließlich der Herstellung von Süßigkeiten. Das hierfür erforderliche stattliche Aufgebot an Kochutensilien kann heutzutage besichtigt werden. In seiner Glanzzeit beherbergte das Topkapi-Serail zahlreiche Künstler und Handwerker - Kunstschreiner, Goldschmiede, Kalligraphen und Weber. Das Reich war derart vermögend, dass Kaffeetassen aus ganzen Smaragden geschliffen und Wiegen aus massivem Silber hergestellt und mit Rubinen verziert wurden. Die kaiserliche Schatzkammer fließt geradezu über vor Kunstwerken, die sich sowohl durch außerordentliche Handwerkskunst als auch durch großen Pomp auszeichnen, unter ihnen ein von den Persern erbeuteter massiver Goldthron, der mit Tausenden von Juwelen aller Art überzogen ist. Eines der berühmtesten Exponate ist der Topkapi-Dolch, dessen Griff von drei riesigen Smaragden besetzt ist. Seine Bekanntheit beruht allerdings mehr auf dem Film "Topkapi" mit Peter Ustinov als auf irgendeiner historischen Bedeutung. Ebenfalls im Palast befindet sich einer der heiligsten Schreine des Islam, "Der Pavillon des Mantels", der den Umhang des Propheten Mohammed, drei Haare aus seinem Bart, einen Zahn und einen in Stein eingefassten Fußabdruck enthält.

Der gesamte Palastkomplex ist gemäß islamischer Tradition als eine Ansammlung von Gebäuden um vier Innenhöfe gruppiert. Dasjenige Gebäude, das auf den Westen immer eine besondere Faszination ausgeübt hat, ist der Harem, die Gemächer der Frauen. In der arabischen Sprache bedeutet das Wort "Harem" verboten, und stets klingt implizit die Aussicht auf Leidenschaft und ausschweifende Sinnesfreuden mit. Alle Frauen im Harem stammten aus fremden Ländern, da der Islam es verbot, muslimische, christliche oder jüdische Frauen zu versklaven, wenn es sich nicht um Kriegsgefangene handelte oder sie nicht bereits als Sklavinnen gekauft worden waren. Sie schliefen in gemeinschaftlichen Schlafräumen und wurden von Eunuchen versorgt. Ein Großteil ihres Lebens warteten sie auf die Aufforderung, auf die "Goldene Straße" zu gehen, jenen türkis und blau gekachelten Korridor, den jede auserwählte Odaliske auf ihrem Weg zum Bett des

40,41: Aufenthaltsräume im Topkapi-Palast

Folgende Seiten:
42: Diwane bzw. niedrige Sofas für amouröse Begegnungen im Harem

43: Durchgang im Topkapi-Palast

44: Eine wundervoll geschmückte Tür im Harem

43

42

44

45

46

45: Topkapi-Palast

46: Im Harem des Topkapi-Palastes

47: Die Schatzkammer

Sultans passieren musste. Die Mutter des Sultans war die Gebieterin im Harem und wählte seine Ehefrauen und Konkubinen aus. Da der Islam es einem Mann erlaubt, so viele Konkubinen zu haben, wie er standesgemäß unterhalten kann, war es für einen Sultan keineswegs außergewöhnlich, aus fast dreihundert Frauen auswählen zu können. Selbst nach der Umwandlung des Topkapi-Palastes in ein Museum, war es den Besuchern noch viele Jahre hindurch streng verboten, den Harem zu betreten. Heute allerdings stehen fast alle der schönsten Räumlichkeiten des ganzen Palastes zur Besichtigung offen und es heißt, das Schlafgemach Sultan Murads sei das schönste Zimmer in der ganzen Welt.

Im gesamten Osten stellt Wasser den größten Luxus dar, und deswegen befahl er, in seinem Schlafraum einen Springbrunnen einzurichten. So wurden Stufen aus weißem Marmor mit Reihen bronzener Wasserhähne angefertigt, von denen Vorhänge aus Wasser herunterliefen. Die Oberflächen waren mit Iznik-Kacheln verkleidet und der kunstvolle Kamin aus Bronze wird von Kacheln umgeben, auf die Pflaumenblüten gemalt sind.

Aber unter der Oberfläche aus Luxus und Sinnlichkeit lauerten dunklere Triebe. Auf den Befehl "Lasst sie verschwinden" hin wurden Frauen, die den Unwillen des Sultans erweckt hatten, ohne viel Aufhebens in mit Gewichten beschwerte Säcke eingenäht und im Marmarameer ertränkt. Gleichzeitig wurden in einem Gebäudeflügel, der als "Der Käfig" bekannt war, die jüngeren Brüder des regierenden Sultans in völliger Isolation von der Außenwelt gefangen gehalten. Sie wurden von Taubstummen bedient und hatten als Entschädigung ihren eigenen Harem von Konkubinen. "Der Käfig" war als Alternative zum Brudermord eingerichtet worden, nachdem Bajasid II. verfügt hatte, dass ein Sultan bei Antritt seiner Herrschaft seine jüngeren Brüder exekutieren solle, um von vornherein Verschwörungen mit dem Ziel ihn abzusetzen zu verhindern. Diese Regelung hatte jedoch zur Folge, dass diejenigen Brüder des Sultans, die doch einmal ihren Käfig verließen, um ihrem verstorbenen Bruder nachzufolgen, ausnahmslos verrückt, zügellos oder gar beides waren.

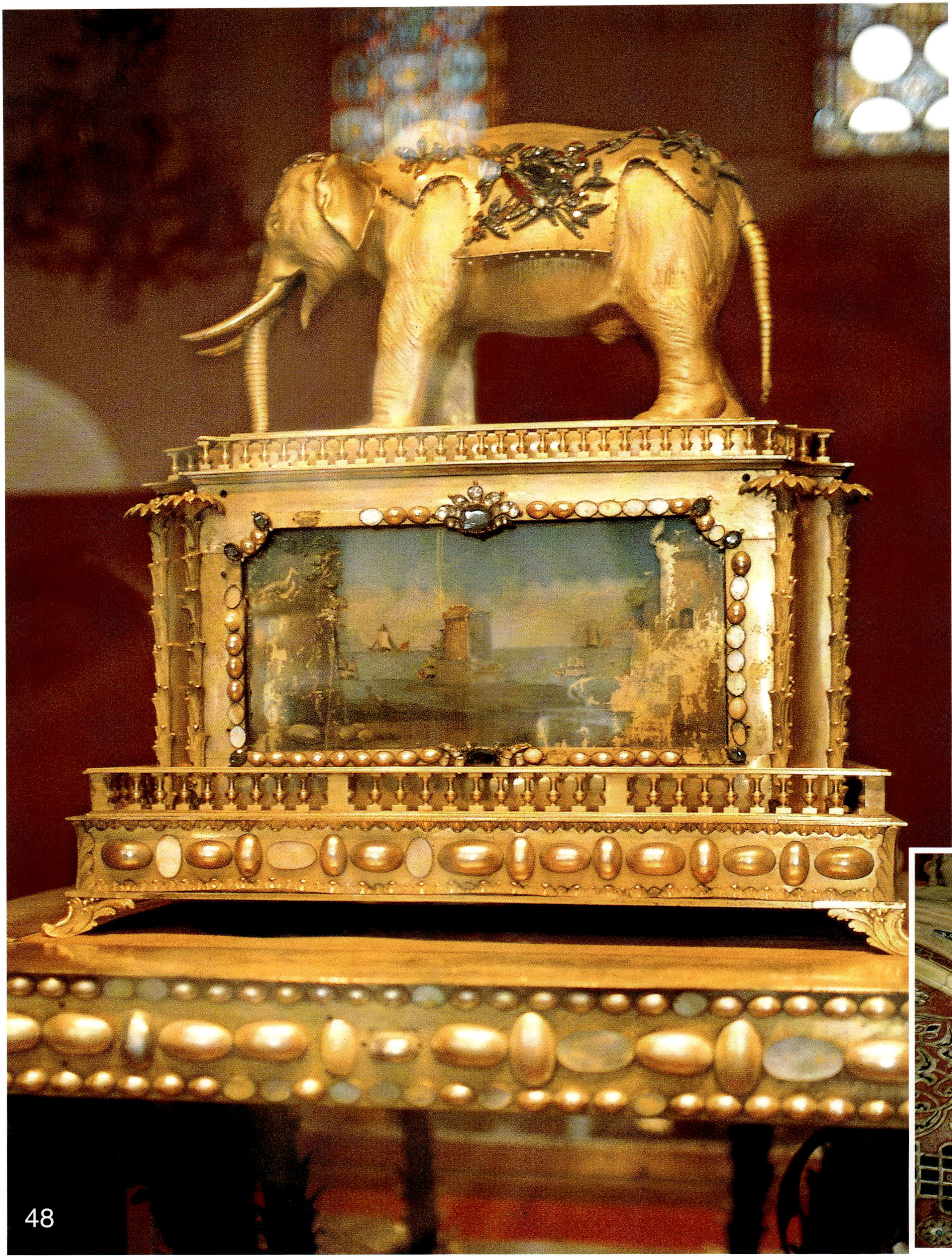

48: Elefant in der Schatzkammer

49: Der Topkapi-Dolch

50: Detail eines Gewölbes

Folgende Seiten:
51: Rückseite eines Gebäudeflügels des Topkapi-Palastes

52: Schatzkammer-Detail

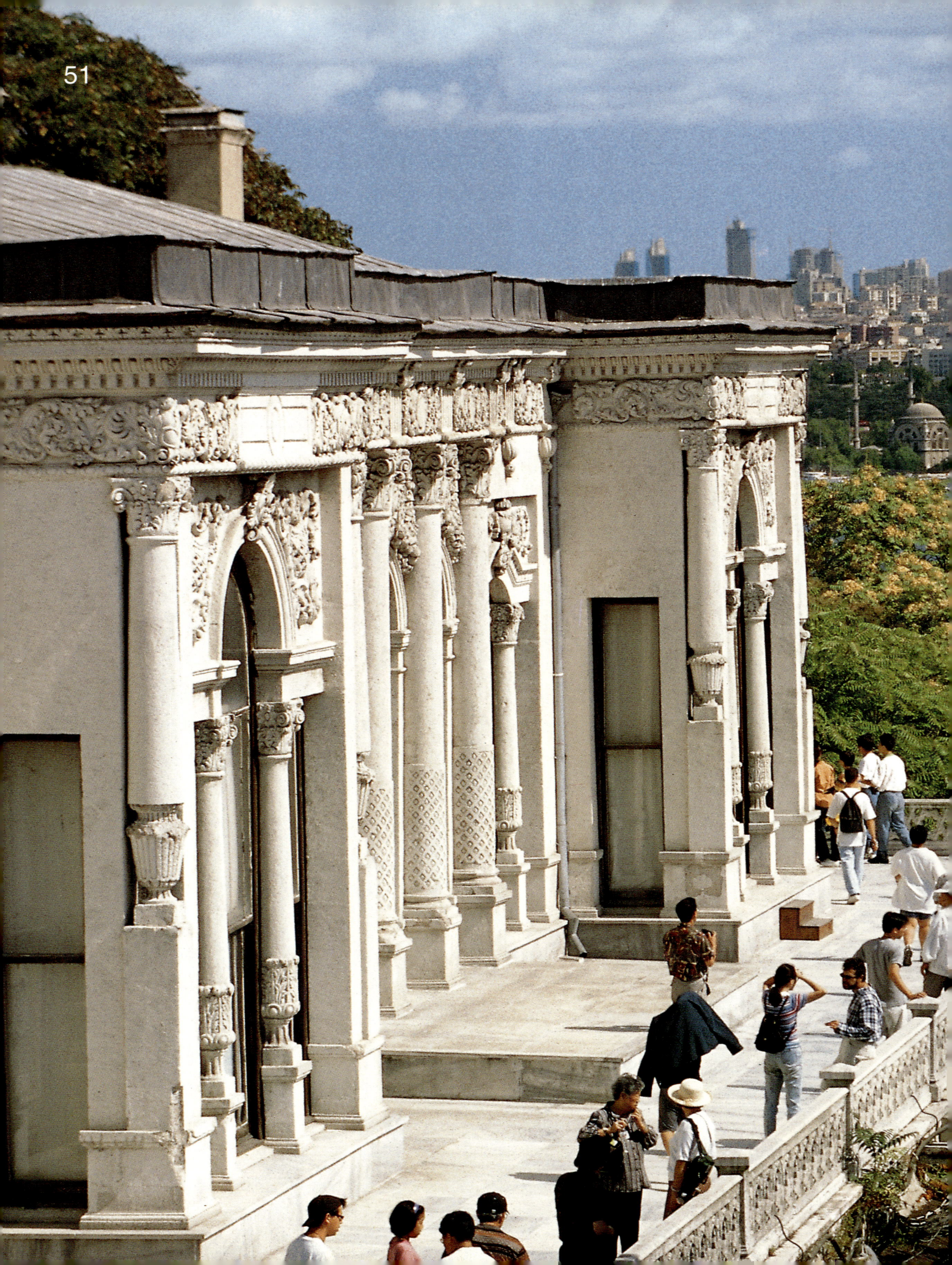

52

Der Große Basar und der Gewürzmarkt

Der Große Basar ist der größte überdachte Marktplatz der Welt. Er vereinigt mehr als 4000 Läden und zusätzlich Banken, Restaurants und sogar Moscheen unter seinem Dach. Hier wird schon seit den Anfängen des Osmanischen Reiches zu Zeiten Mehmet des Eroberers Handel getrieben. Seinerzeit hatte sich eine Gruppe benachbarter Kaufleute zusammengeschlossen und ihre Stände überdacht, um die Geschäfte bequemer und unabhängig vom Wetter abwickeln zu können. Heute bedeckt der Basar Kilometer um Kilometer enger, sich kreuzender Straßen mit Läden über Läden, die grob nach Branchen angeordnet sind. Es gibt eine Straße der Lederhändler, eine Straße der Juweliere und eine der Teppichhändler, um nur einige wenige zu nennen. All diese Straßen führen unvermeidlich hinab nach Bedesten, was so viel wie "Alter Basar" heißt, wo wertvolle Antiquitäten verkauft werden, da dieser Bereich bei Nacht vollständig abgeschlossen werden kann.

Die Rufe der Verkäufer, die mit Begeisterung Kunden herbeirufen und anflehen stehenzubleiben und zu kaufen, hallen ohrenbetäubend unter dem gewölbten Dach. Für die Furchtsameren ist es sicher nicht sehr empfehlenswert, den Großen Basar zu betreten. Für diejenigen jedoch, die sich durch seine Pforten wagen, finden sich mit Brokatpantoffeln, bestickten Westen, traditionellen schwarzen Pagenkäppis aus Samt und hoch aufgetürmten Ledertaschen reizvolle Souvenirs. Es gibt allerdings einen Handel, der sich nicht rasch abwickeln lässt: der Kauf eines Teppichs. Es macht gerade einen wesentlichen Teil des Reizes aus, sich zusammenzusetzen, um bei einem Glas Tee, das man von einem vorbeigehenden Kellner erstanden hat, die Vorzüge jedes einzelnen Teppichs durchzugehen. Anschließend beginnt das Feilschen, und höflich, kaum merklich, aber so unaufhaltsam wie zwei Autos auf Kollisionskurs, einigt man sich schließlich auf einen Preis.

Kostbare ältere Teppiche sind häufig geflickt, vielleicht sogar in einer der Werkstätten, die sich in den alten, an den Basar angrenzenden Karawansereien oder "hans" angesiedelt haben. Hier wurden einst Waren aus allen Provinzen des Reiches umgeschlagen. Die alten Gebäude dort sind praktisch unverändert, werden heute jedoch als Studios und Werkstätten von Silberschmieden und anderen Kunsthandwerkern genutzt.

Unter dem Großen Basar, auf dem Hügel, der hinab zum Goldenen Horn führt, liegt Eminönü, heutzutage mehr oder weniger eine Erweiterung des Basars. Die Straßen dieses Stadtteils sind ähnlich vollgestopft mit Läden. Berge von Eisenwaren, Türme gehämmerter Kupferschüsseln und Fenster voller mit Perlen gefüllter Schalen erheischen die Aufmerksamkeit in den Straßen der Schwertmacher, der Mantelschneider und der Zeltmacher, die alle schwindeler-

53: Farbenfrohe Gewürze stehen im Gewürzbasar zum Verkauf

54: Beim Einkauf in einer der Hauptstraßen im Großen Basar

Folgende Seiten:
55: Luffas und Schwämme im Gewürzbasar

56: Der Große Basar ist der größte überdachte Markt in der Welt.

TOZ KİMYON
GROUND CUMIN
KABUK TARÇIN
CINNAMON STICK
MERCAN KÖŞK
MARJORAM

İHLAMUR

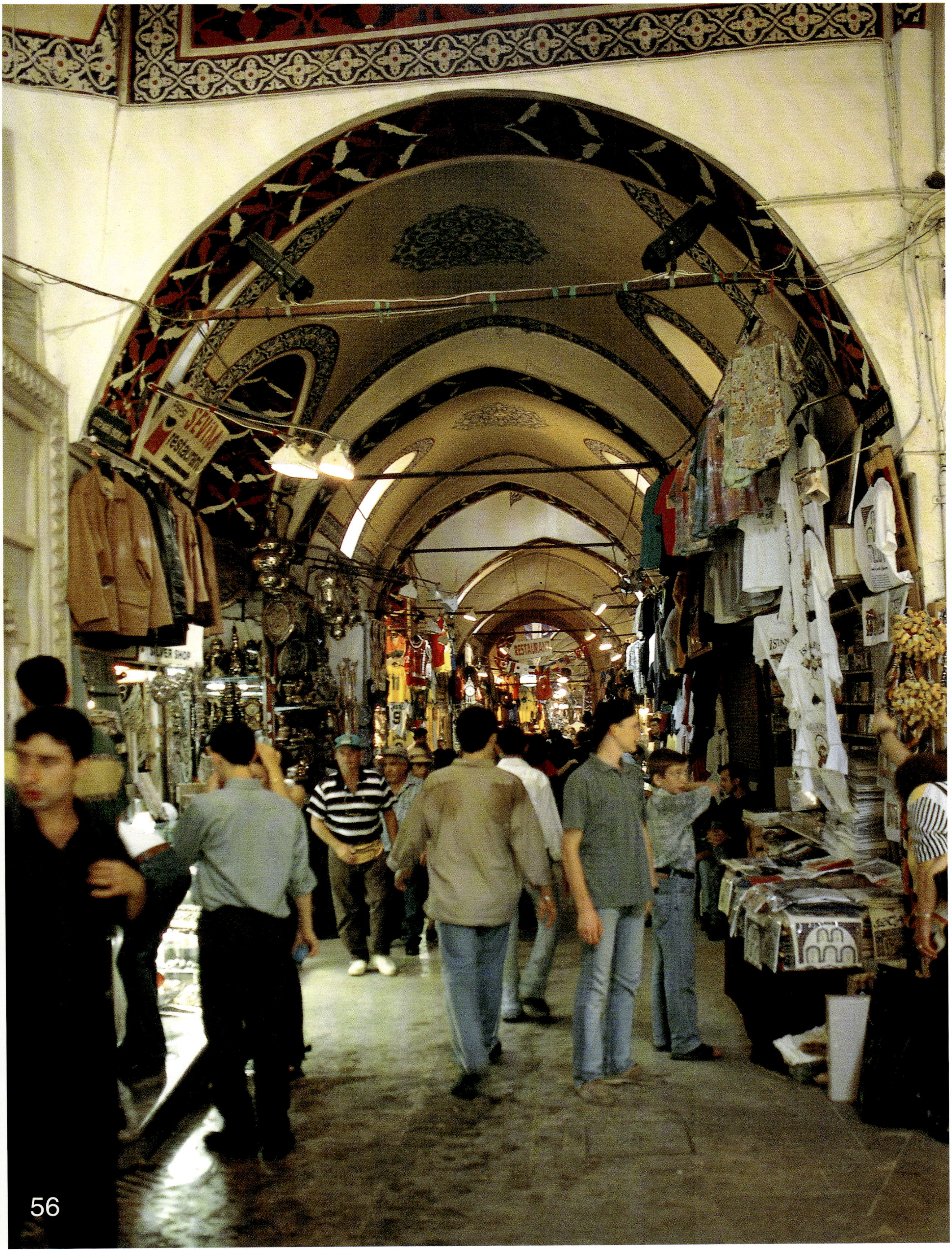
SEVIM
restaurant
RESTAURANT

regend – und zuweilen regelrecht gefährlich steil – hinunter zum Meer führen.

Der Gewürzbasar (oder Ägyptische Markt) liegt am Fuß des Hügels. Er wurde 1660 als Teil des Komplexes der Yeni- oder Neuen Moschee gebaut, ein kluger Schachzug, da die Ladenmieten der Unterhaltung der Moschee sowie der Schule, des Hospitals sowie des Dampfbades dienen, die allesamt der Moschee angeschlossen sind. Im Inneren dieses Basars werden Zimt, Sesamkörner, Kamillenblüten und Pfefferkörner aus offenen Säcken heraus verkauft, ebenso wie kleine Gläser mit mühsam gesammeltem Saffran und "pestil", Platten aus getrocknetem und dünngeklopftem Aprikosenfleisch. Von der Decke hängen an Schnüren aufgereihte echte Schwämme, Luffas und borstige Fausthandschuhe, mit denen man sich beim Bad abreibt.

Dies ist der beste Ort, um Türkischen Honig zu kaufen, jene Süßigkeit, die Luxus und Muße verkörpert und unweigerlich mit den Freuden des Harems in Verbindung gebracht wird. Die fein gefärbten und mit einer hauchdünnen Schicht Puderzucker überzogenen Quadrate gibt es in den unterschiedlichsten Sorten, mit Pistazien-, Walnuss-, Rosenwasser- oder Mandelgeschmack. Es existieren sogar noch ein oder zwei altmodische Parfümläden, deren Eigentümer vor den mit Flaschen farbiger Öle überfüllten Theken stehen. Aber auch hier ändern sich die Zeiten, so dass sich heute unter die traditionelleren Geschäfte auch Stände mischen, an denen zeitgenössische Bedürfnisse nach Badelaken und Bettwäsche, Plastikwaren und Spielzeug befriedigt werden können.

Zwischen dem Gewürzbasar und der Yeni-Moschee liegt der Samenmarkt, ein Innenhof voller Pflanzen, Blumen und Vögeln in Käfigen, während die weiter hinten liegenden Straßen vom Aroma heißer Kaffeebohnen erfüllt sind, das aus den Häusern der berühmtesten Kaffeehändler in Istanbul dringt.

57: Der Gewürzbasar

58: Farbenfrohe Gewürze

Folgende Seiten:
59: Kreuzfahrtschiff

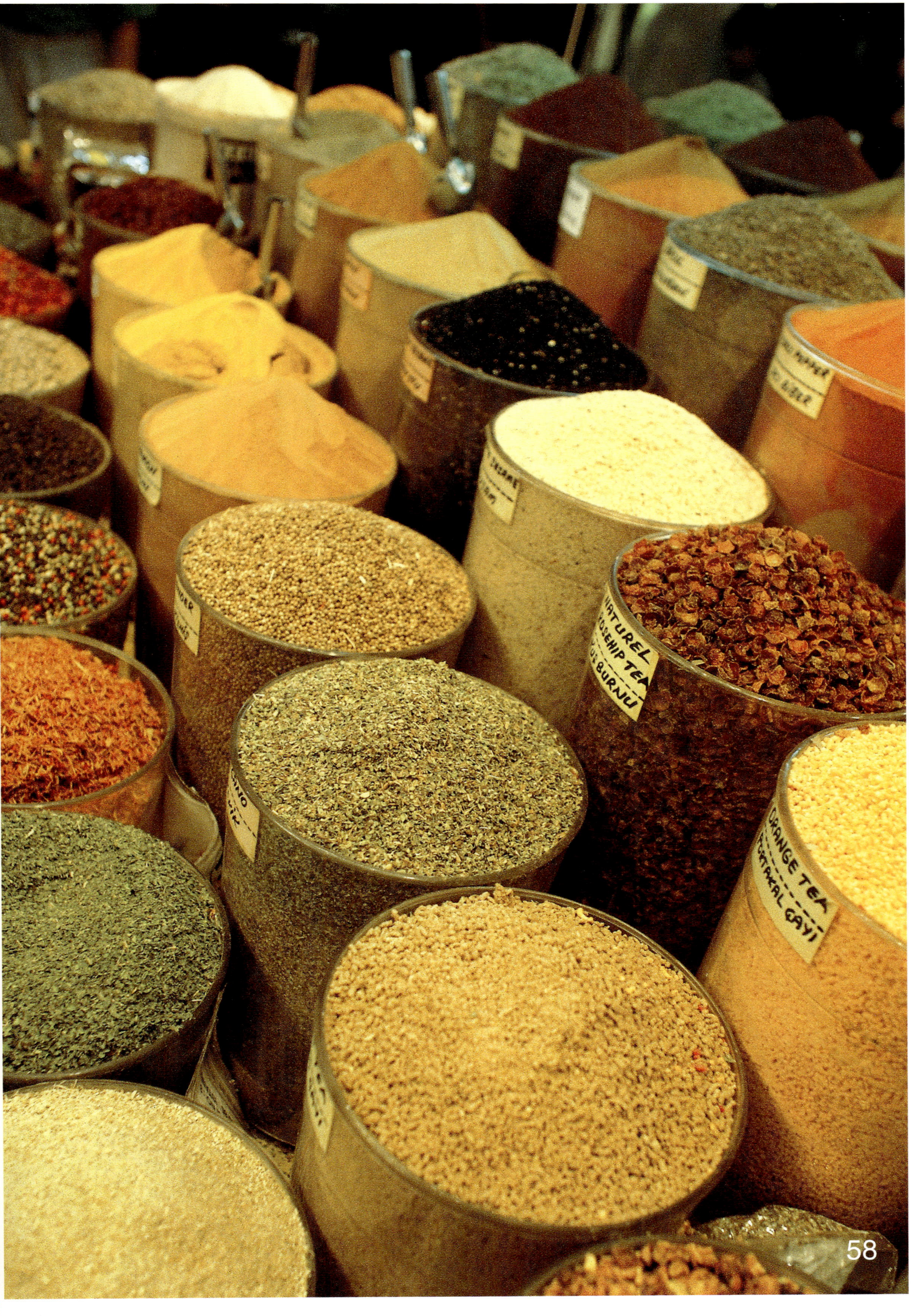
ORANGE TEA

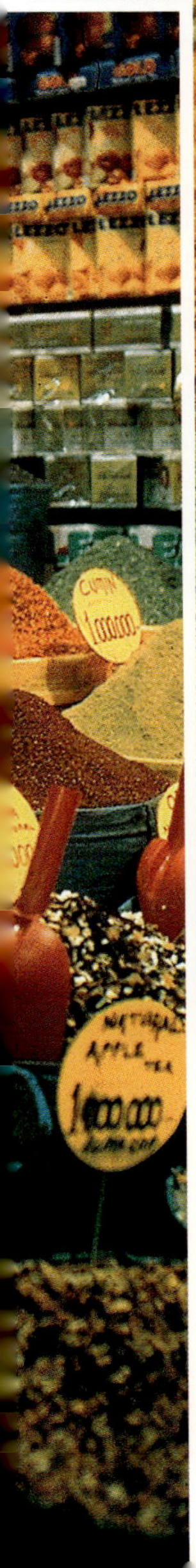

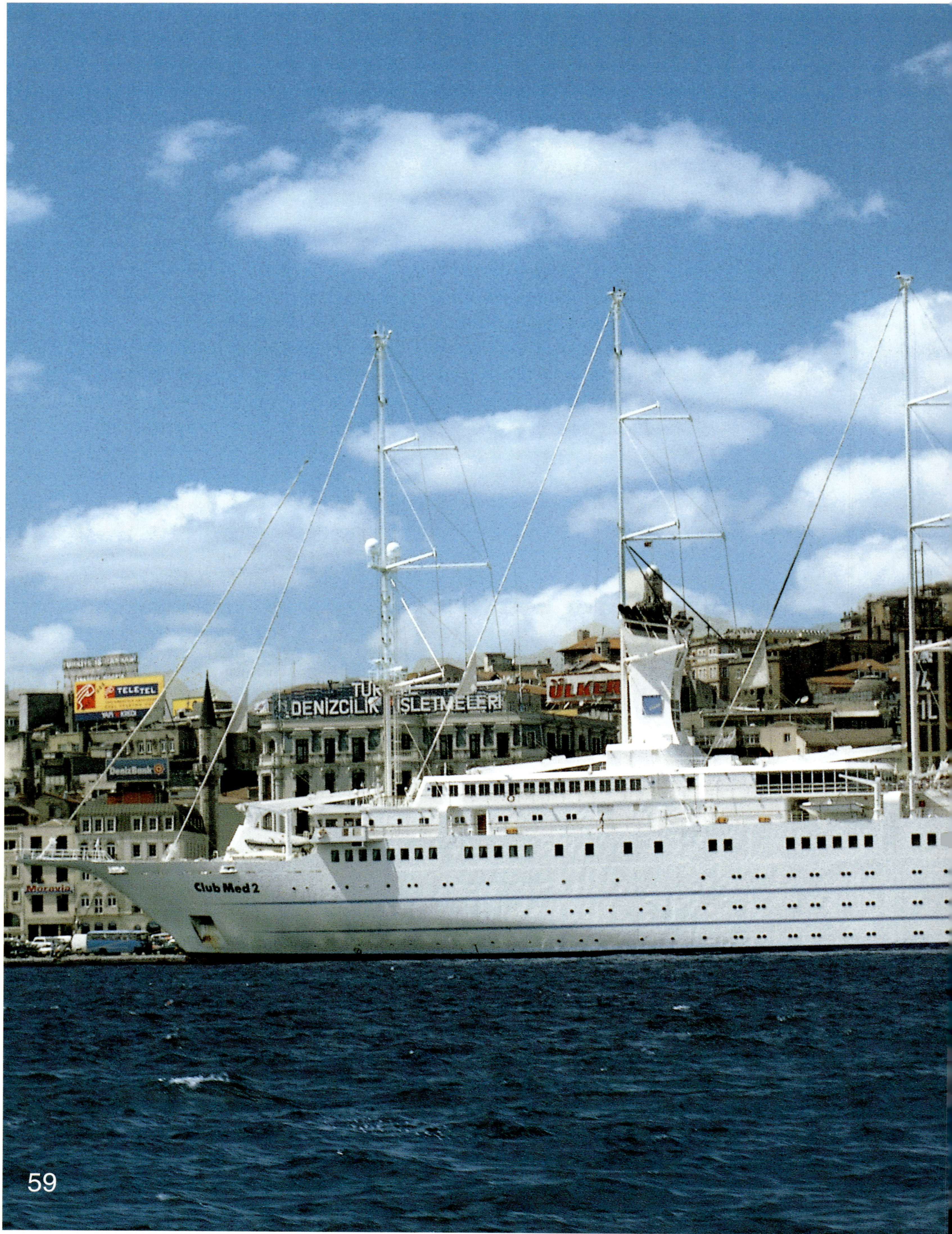
TELETEL
DENIZCILIK
DenizBank
Club Med 2

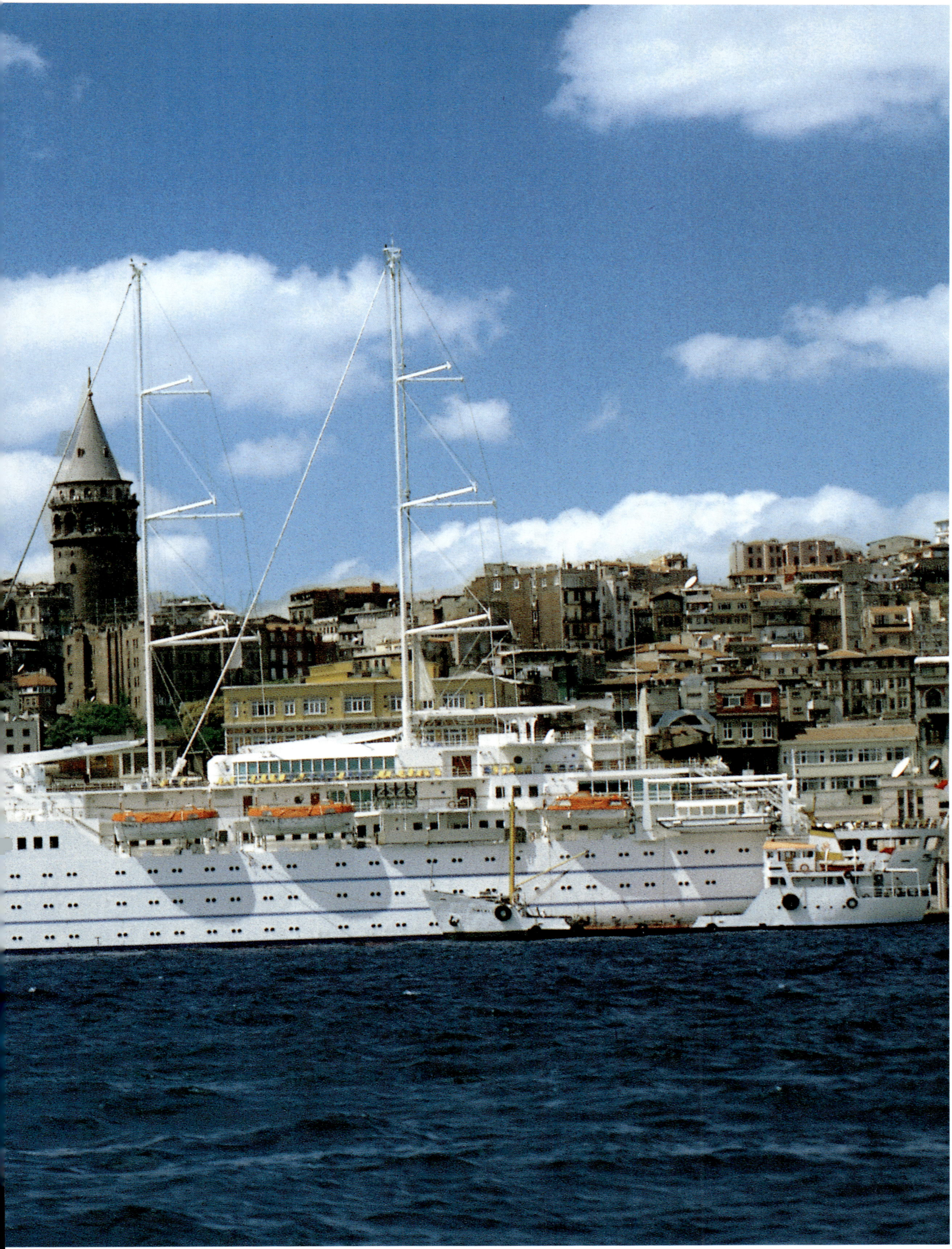

60

61

Über das Goldene Horn

60: Im Inneren der Moschee

61: Blick vom Galataturm auf Istanbul

62: Hagia Sophia

Neuankömmlinge, unter ihnen Juden, Griechen und Armenier, siedelten sich traditionell in den Stadtteilen Galata und Pera auf der gegenüberliegenden Seite des Goldenen Horns an. Die Genuesen waren unter den Ersten, die hier eintrafen. Sie erbauten 1348 den Galata-Turm, der immer noch eine der besten Aussichten über ganz Istanbul bietet. Ganz in der Nähe befindet sich die Galata Mevlevihane, das Museum der Tanzenden Derwische, in dem noch heute hin und wieder Zeremonien stattfinden.

Der Tünel ist Istanbuls U-Bahn. Sie verkehrt zwischen einem Bahnhof, von dem aus es nicht einmal mehr ein Kilometer bis zum Kai ist, bis zur Istaklal Caddesi und erspart dem Besucher den beschwerlichen Anstieg den Hügel hinauf. Die Läden, Nachtklubs und Kinos stellen die Hauptattraktionen der Istaklal Caddesi dar, aber man findet auch überraschend viele Kirchen. Die Straße führt zum Taksim-Platz, einer weitläufigen offenen Piazza, die dem Besucher nach den überfüllten alten Straßen fast einen Schock versetzt. Dieses Einkaufszentrum mit seiner modernen Architektur und breiten geschäftigen Straßen überlässt man am besten den Kaufleuten. In der Nähe jedoch gibt es einige Kleinode, zu denen die Cicek Pasaji (Blumen-Passage) gehört, die einst eine enge Gasse voller verruchter Säufer-Kaschemmen, Straßenmusiker und streunender Katzen war. Die allerdings zu gründliche Restaurierung hat die Straße aber unbestreitbar wesentlich komfortabler gemacht.

Folgende Seiten:
63: Blick über die Kuppeln der Süleyman-Moschee

64: Blick vom Galataturm

65: Minarett der Blauen Moschee

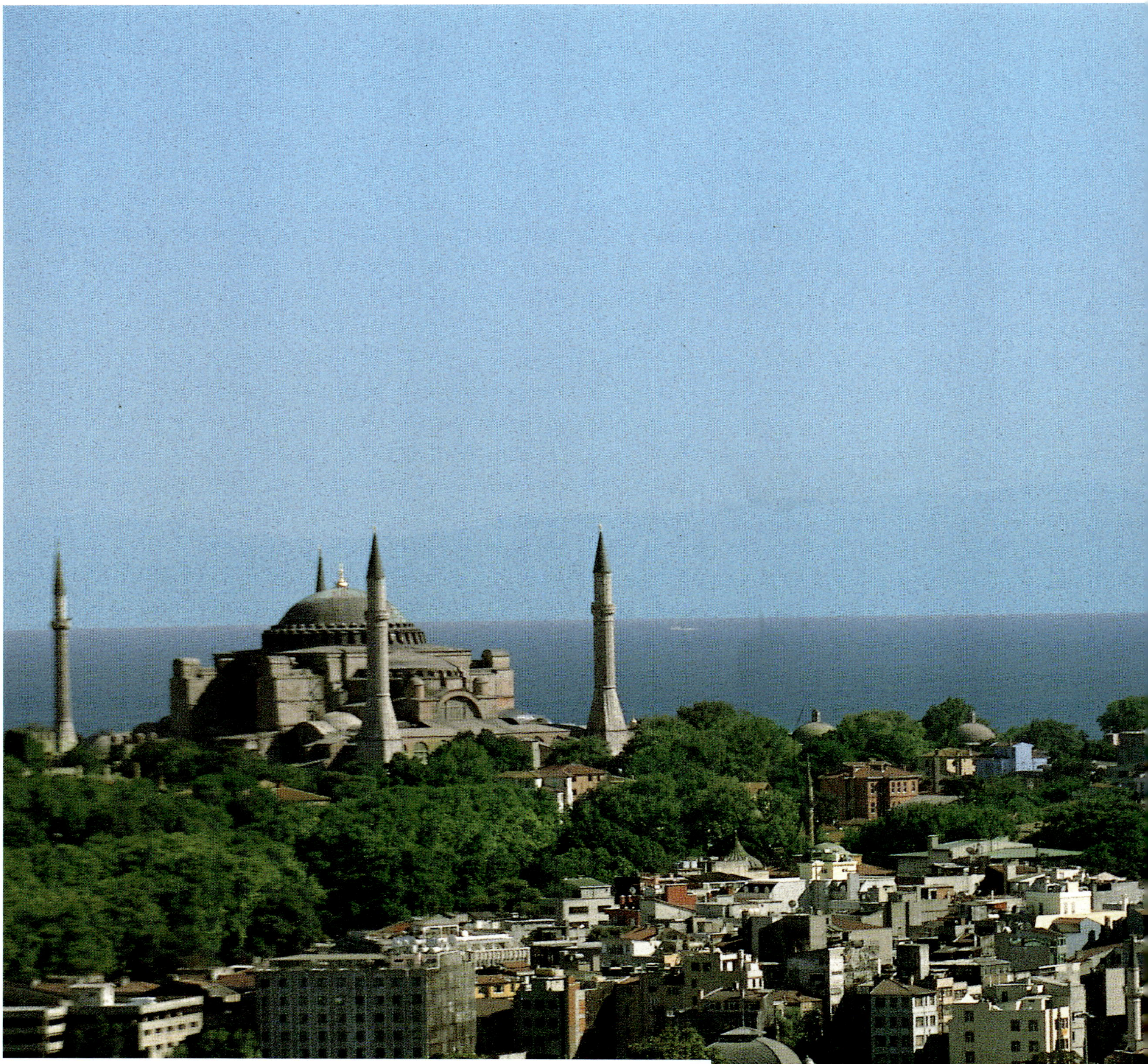

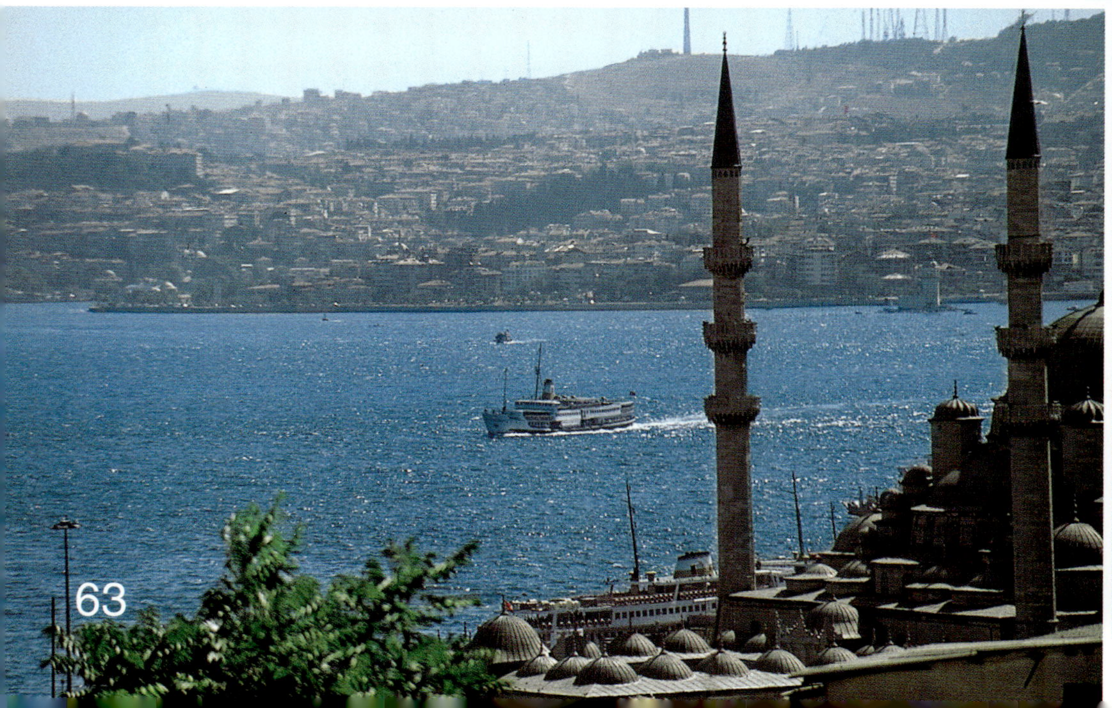

63

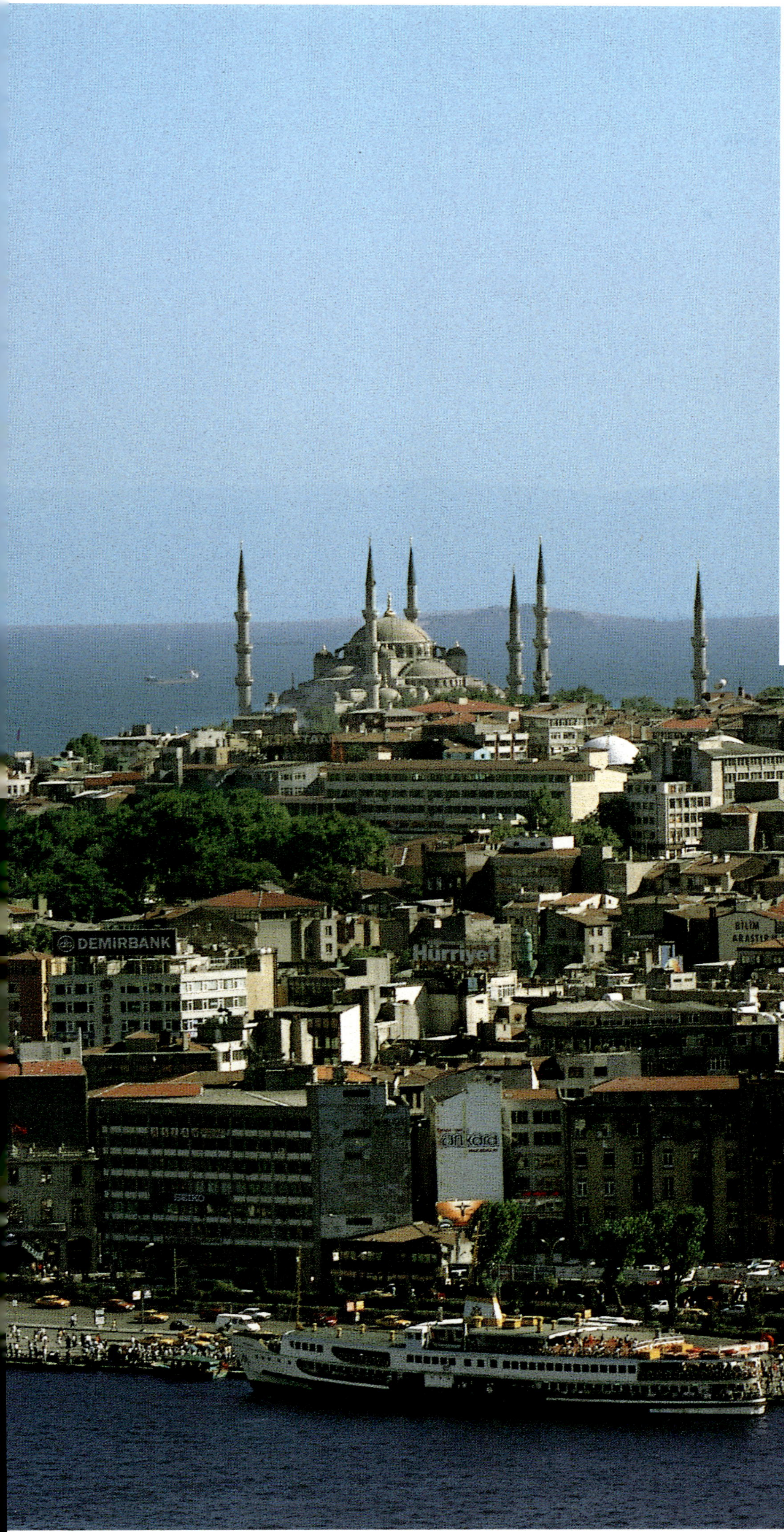

64

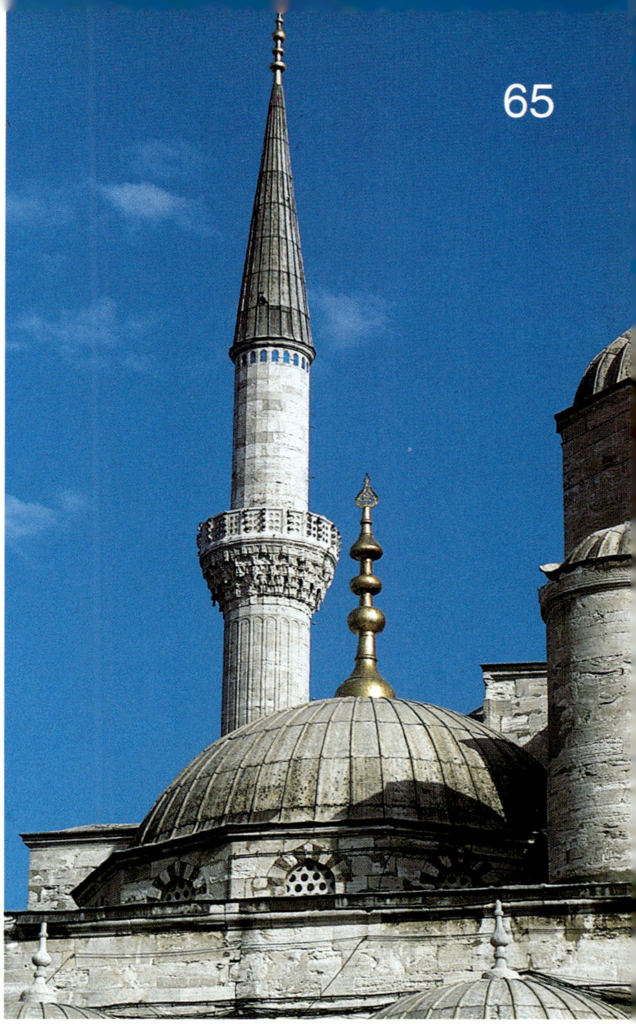
65

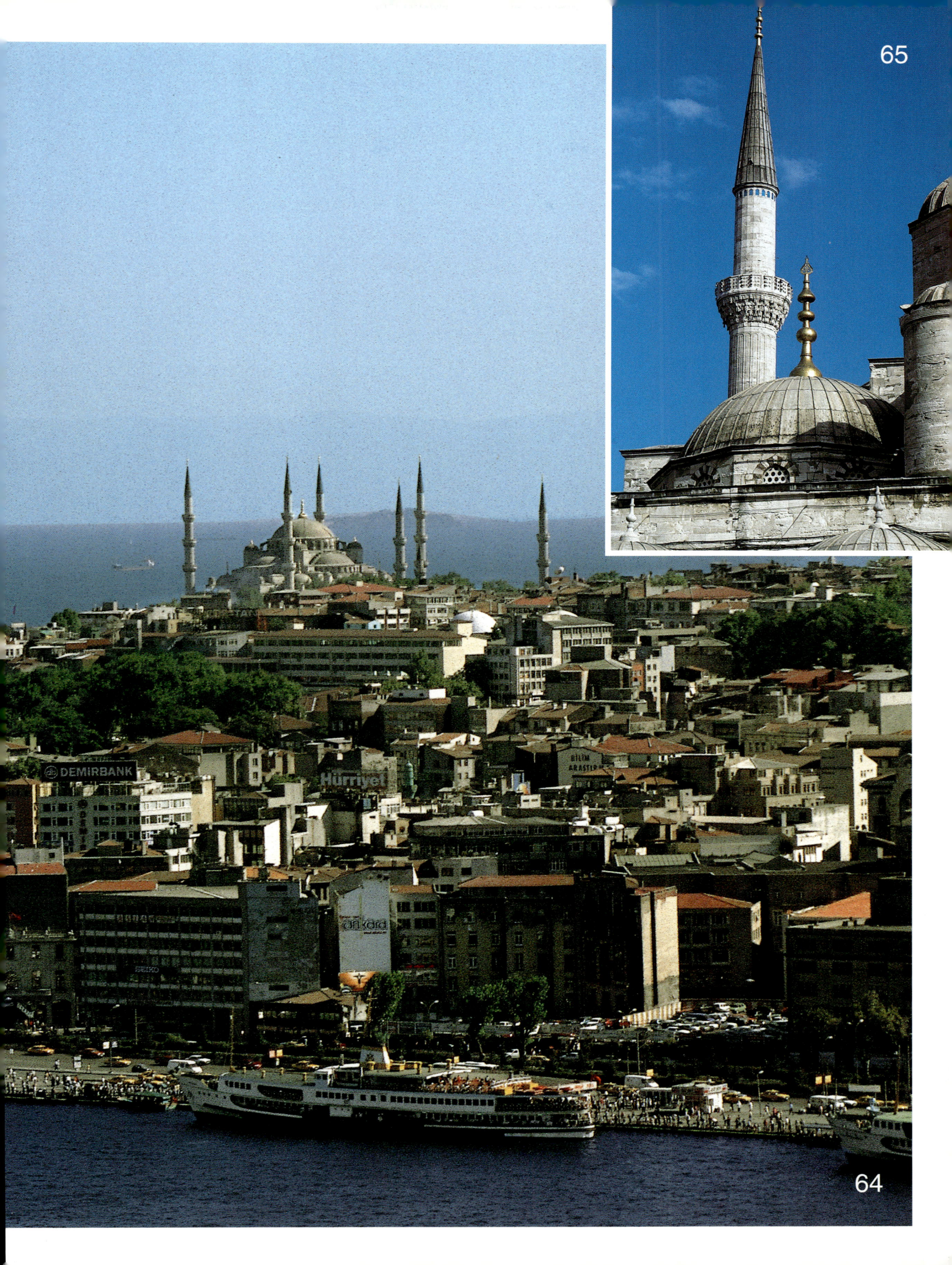

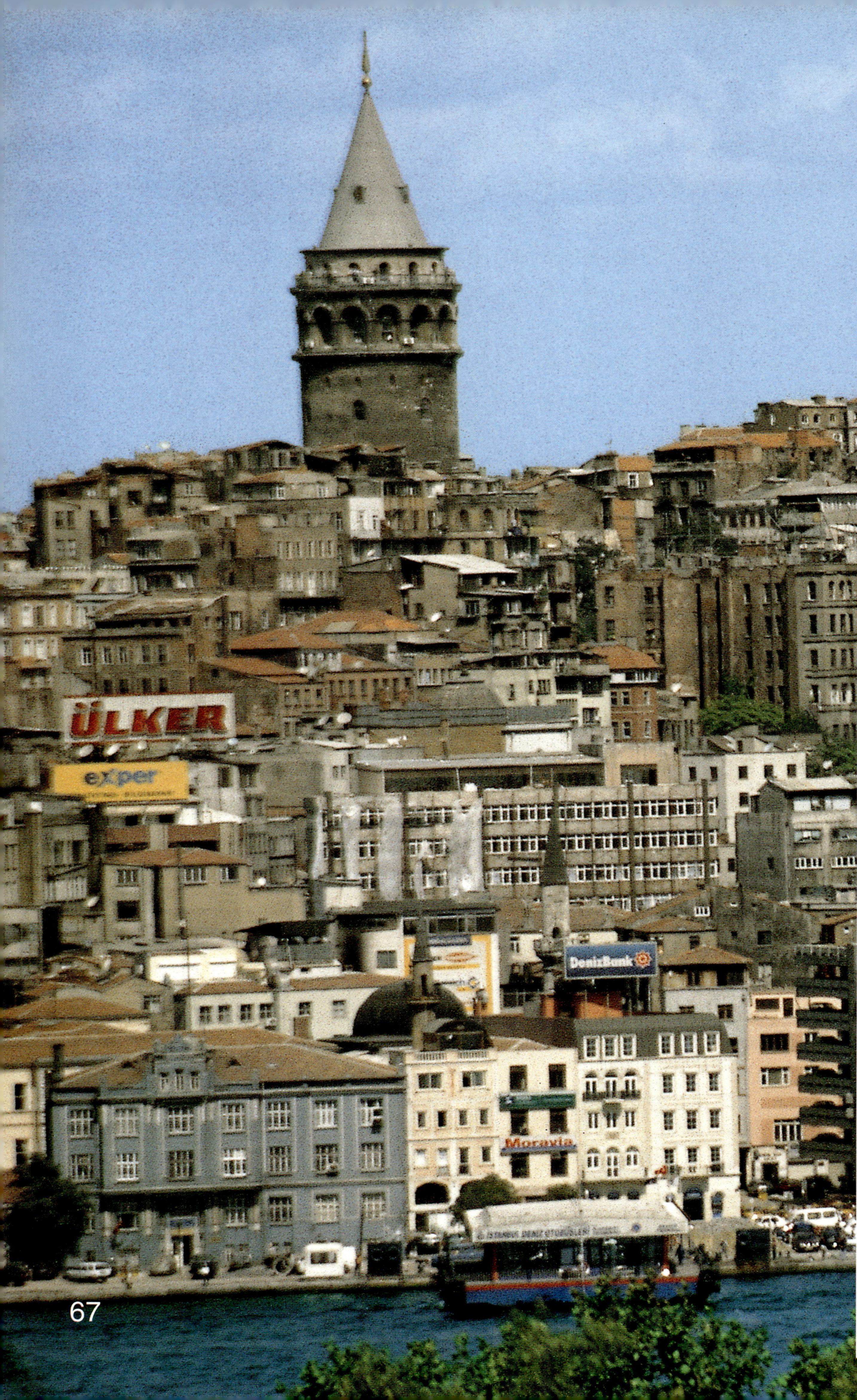
ÜLKER
exper
DenizBank

66: Streunende Katze

67: Blick auf den Galataturm

68: Ein Straßenmarkt am Goldenen Horn in Galata

Folgende Seiten:
69: Türkin

70: Die Blaue Moschee vom Bosporus aus

71: Blick über die Kuppeln der Süleyman-Moschee

69

70

71

An den Ufern des Bosporus

Das Wasser des Bosporus, einer der romantischsten Flüsse der Welt, schlägt sowohl an die Küste Europas als auch an die Asiens. Der Fluss ist die endgültige Grenze zwischen dem Vertrauten und dem faszinierenden Unbekannten.

Seine Ufer sind gedrängt voll von strahlenden osmanischen Palästen und Burgen, dazwischen große Vorstädte, die mit verschlafenen kleinen Orten verschwimmen. Zahlreiche Fähren drängeln sich im Wasser und bahnen sich ihren Zickzack-Kurs hinauf zum Schwarzen Meer und wieder zurück, von Europa nach Asien und zurück, immer inmitten des lebhaften Schiffsverkehrs auf dem Fluss. Hier findet sich alles, vom Öltanker über Frachtschiffe und internationale Kreuzfahrtschiffe der Luxusklasse bis hin zum winzigen Fischerboot.

Auf der europäischen Seite reicht die dichte Bebauung - "yalis", pittoreske heruntergekommene Holzhäuser direkt am Wasser, in Arnavutköy, makellose Playboy-Paläste im wohlhabenden Bebek und weiter flussabwärts - bis an das Ufer heran. Im Stadtteil Besiktas wird das Panorama vom Dolmabahce-Serail beherrscht, dessen für das 19. Jahrhundert typischer Eklektizismus in Baustil und Ornamentik mehr Pomp als Geschmack dokumentiert. Der Palast wurde zu einer Zeit erbaut, als sich das Osmanische Reich bereits im Niedergang befand und der Sultan in einem verzweifelten Versuch, den unaufhaltsamen Schwund seiner Macht zu verschleiern, wahllos europäische Einflüsse aufgriff.

Das asiatische Ufer ist wesentlich bescheidener und wirkt an manchen Stellen, etwa in Moda mit seinen Eisdielen und Kunstgalerien oder Kadiköy mit seinen Designer-Läden, seltsamerweise sogar moderner. Zwischen Kadiköy und Üsküdar, Historikern besser als Scutari bekannt, liegt das Krankenhaus, in dem Florence Nightingale während des Krimkrieges Soldaten gepflegt hat. Heute gehört es zur Selimiye-Kaserne, die ihr zu Ehren ein kleines Museum beherbergt. Weiter in Beylerbeyi findet sich die Lieblingsresidenz eines Herrschers, die im 19. Jahrhundert für Abdul Aziz erbaut wurde. Das islamische Recht schreibt vor, dass jeder Mann - sogar Mitglieder der königlichen Familie - einen Beruf erlernen muss, um sich redlich seinen Lebensunterhalt verdienen zu können. Die meisten Sultane widmeten sich der Kalligraphie, aber Abdul Aziz wählte die Kunst der Einlegearbeiten und so können hier getäfelte Räume mit von ihm geschaffenen großartigen Intarsien besichtigt werden.

72: Schrank, Stühle und Sekretär in Beylerbeyi Palast, Lieblingsresidenz des Kaisers Abdul Aziz

73: Der Dolmabahce-Palast am europäischen Ufer des Bosporus

74: Blick über den Bosporus

73

75

75,76: Im Inneren des Dolmabahce-Palastes

77: Der Dolmabahce-Palast wurde im 19. Jahrhundert erbaut, um das Topkapi-Serail zu ersetzen.

Bei dem letzten günstigen Aussichtspunkt am asiatischen Ufer handelt es sich um die Ruine einer byzantinischen Burg. Um von hier aus einen Blick auf das unten liegende Schwarze Meer werfen zu können, muss man durch Stechginster und Heidekraut den Hügel hinter dem Dorf Anadolu Kavagi hinaufklettern.

Folgende Seiten:
78,79,80: Im Inneren des Dolmabahce-Palastes

81: Abdul Aziz selbst schuf die Intarsienarbeiten im Palast

78

79

80

81

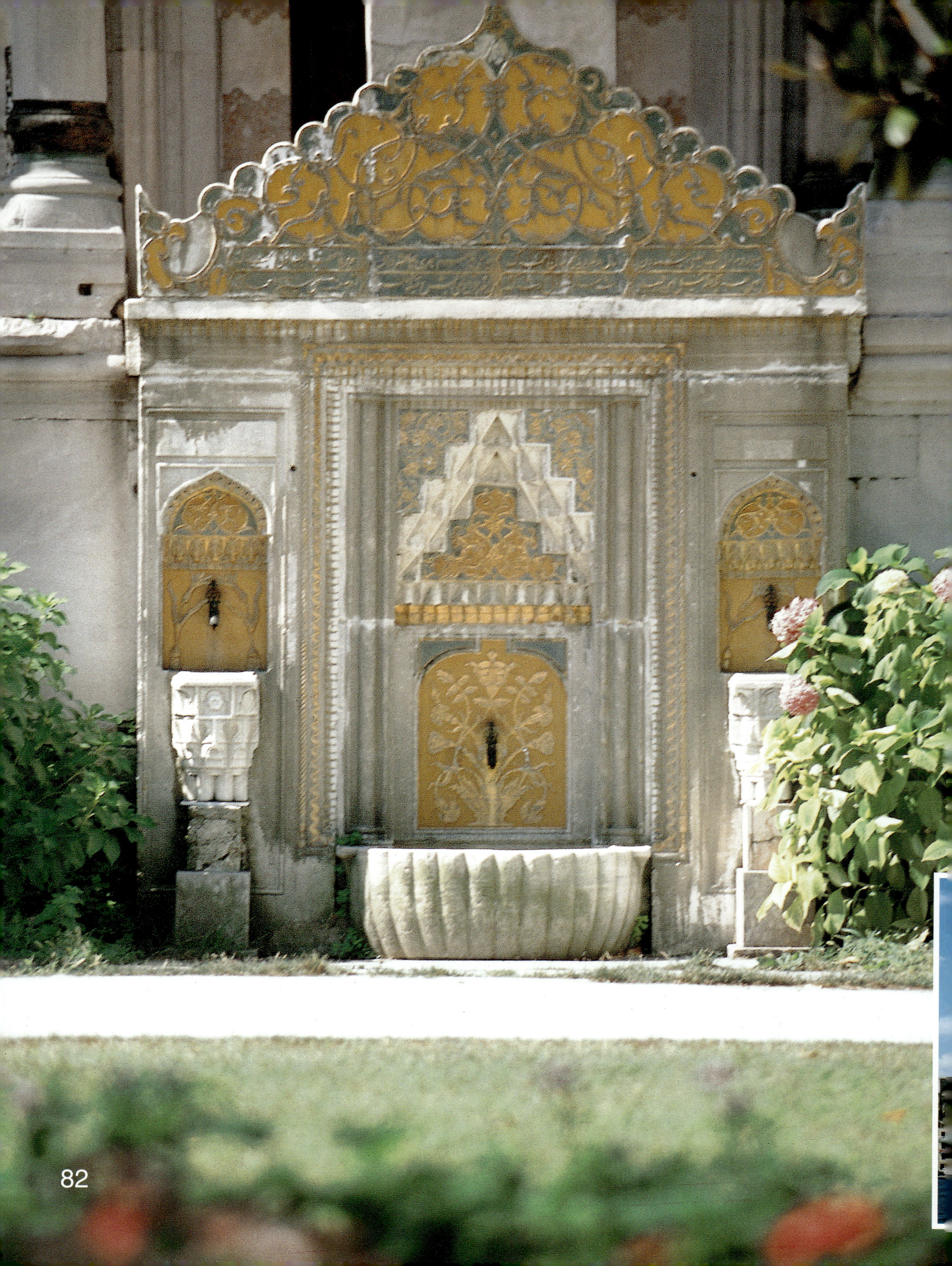

Die Prinzeninseln

82: Wasserstelle im Garten

83: Touristenschiff

Im Marmarameer, unmittelbar südlich von Istanbul und in geringer Entfernung vom Festland, liegen die Prinzeninseln. Sie sind schon seit langer Zeit ein wichtiger Teil Istanbuls. Eine der Inseln, die sehr abgelegen war, wurde als Gefängnis für die in Ungnade gefallenen Mitglieder der königlichen Familie genutzt, auf einer anderen wurde Kupfer gefördert. Aber in erster Linie dienten sie - und dienen die Inseln noch heute - als friedliche Orte der Zuflucht vor dem Gedränge und der Hetze in der Stadt. Diese Funktion ist gerade heute lebenswichtig geworden, weil Istanbul immer überfüllter und hektischer wird.

Im Sommer sind die Fähren von Sirkeci bis unters Dach mit Passagieren gefüllt, die einen Tagesausflug an die Strände von Heybeliada und Büyükada machen. Wohlhabendere Familien ziehen sich für die gesamte Saison auf die Inseln zurück und verbringen den Sommer in ihren großen Holzhäusern mit ihren kompliziert geschnitzten und mit Läden versehenen Balkonen inmitten von Mimosen und Jasmin. Pinienwälder bedecken die Hügel der Insel Büyükada, auf der - welch eine Wohltat nach dem Verkehrschaos in der Stadt - Autos verboten sind. Stattdessen verkehren hier Pferdekutschen und transportieren die Besucher zwischen den kleinen Buchten mit ihren Sandstränden und den baumbewachsenen Hügeln hin und her.

Außerhalb der Saison beschwört die Fährüberfahrt die Vergangenheit sogar noch mehr. Ungestört von den Menschenmengen hat man nun Zeit und genügend Raum, um die Eleganz einer vergangenen Epoche auszukosten. Viele der Schiffe sind noch Dampfer, komplett ausgestattet mit holzgetäfelten Salons und korbgeflochtenen Lehnstühlen. Die Kellner servieren statt des im Sommer allgegenwärtigen Apfeltees nun die für den Winter nicht weniger charakteristische "sahlep", heiße Milch mit einem Aroma von Gewürzen und gemahlenen Orchideenwurzeln.

Folgende Seiten:
84: Türkische Kinder

85, 86: Traditionelle Holzhäuser in den Seitenstraßen Istanbuls

84

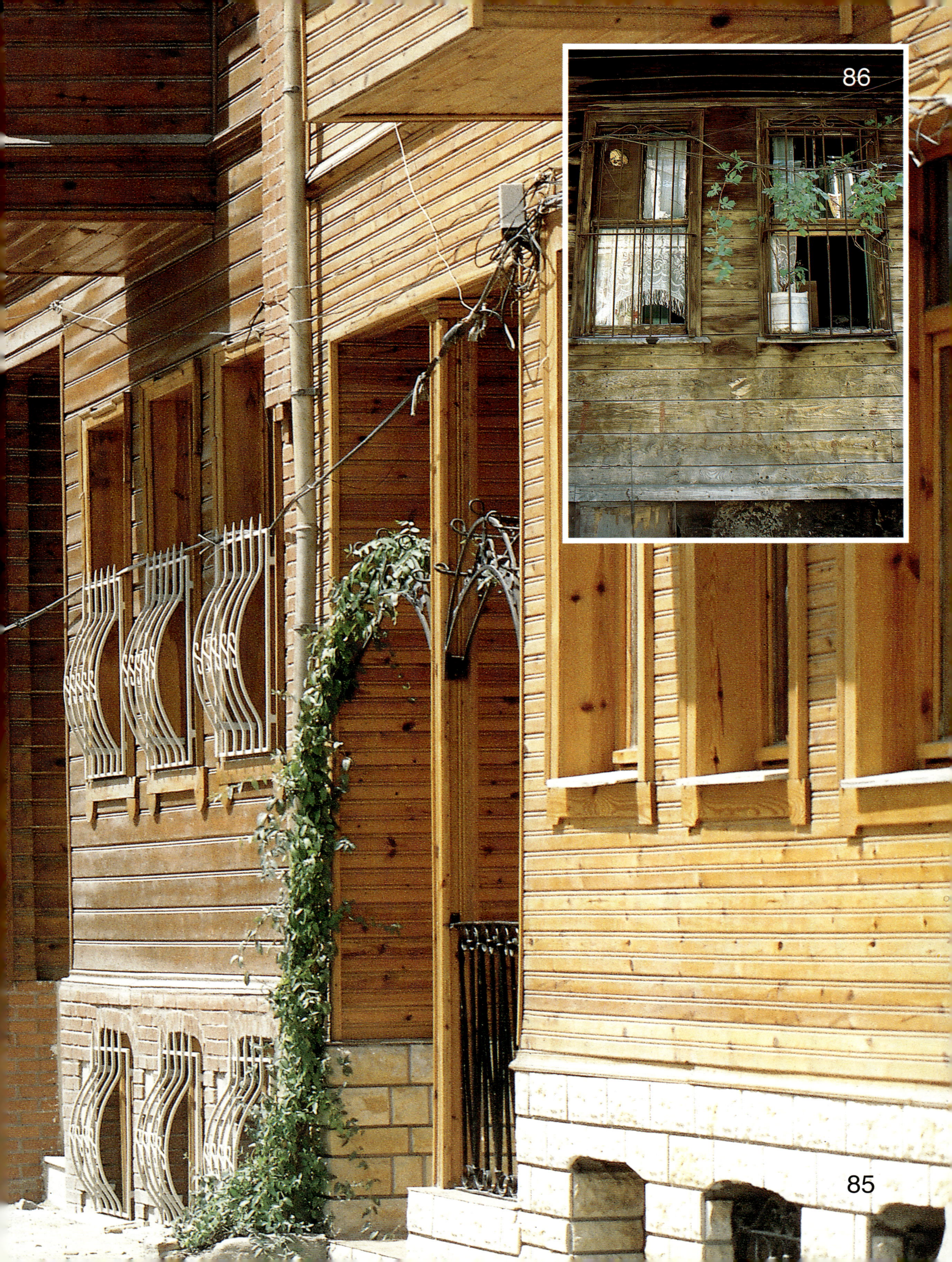

85

86

Alltag in Istanbul

Essen und Trinken

Die Einwohner Istanbuls essen gerne im Gehen. Handkarren und winzige "büfes" (Stehcafés) an Straßenecken bemühen sich, ihre Bedürfnisse zu befriedigen. Viele Menschen beginnen ihren Tag mit "börek", einem Blätterteiggebäck, das mit Käse oder "simit", mit Sesamkörnern bestreuten Brotringen, gefüllt ist. Zur Mittagszeit bieten Verkäufer "lahmacun" an, eine dünne nahöstliche Art Pizza, die mit Fleisch belegt und zum bequemeren Verzehr zusammengefaltet wird. Und für den kleinen Snack zwischendurch verkaufen Straßenhändler kleine Kugeln getrockneter Früchte, Nüsse und Sonnenblumenkerne. Zur Mittagszeit sind Pizzerien ("pideci") sehr beliebt. Sie servieren köstliches, flaches Brot mit einer Auflage aus Eiern, Käse, Hackfleisch oder Wurst.

Ein komplettes Abendessen beginnt stets mit traditionellen "meze" oder Appetithappen. Es werden Tabletts um Tabletts mit kleinen Portionen "cacik" (Joghurt, Salatgurke und Knoblauch), Auberginenpüree, Bohnensalaten und -pürees, gefüllten Weinblättern und vielen Köstlichkeiten mehr serviert. Zu den romantischsten Orten, an denen man essen kann, zählen die Restauraunts in den Dörfern entlang des Bosporus oder in Kumkapi mit dem Blick über das Marmarameer. Als Hauptgericht sollte man am besten Fisch bestellen, schlichten gegrillten Thunfisch, Schwertfisch-Kebaps und Platten marinierter Sardinen. Andernorts bestellt man üblicherweise gegrilltes Lammfleisch oder Huhn. Türkische Kebaps sind international berühmt, aber es liegen Welten zwischen der Istanbuler Küche und den Kebaps zum Mitnehmen, die man außerhalb der Türkei bekommt. Es ist durchaus möglich, daß die Küchenchefs hier Nachkommen der Palastköche sind, die im Topkapi für die osmanischen Sultane kochten. Sie gehören zu einer Gilde, die den Frauen kategorisch den Zutritt zur Restaurantküche verwehrt und sind Meister in der Kunst der Zubereitung jener Kebaps, Pilafs, dem gefülltem Gemüse, dem Milchpudding und dem Gebäck, das für die Istanbuler Küche typisch ist. Die Bedeutung, welche die Türken dem Essen beimessen, kommt in jenem Sprichwort zum Ausdruck, das rät, sich seine Freunde nach dem Geschmack ihres Essens auszuwählen.

Die über ganz Istanbul verstreuten Teegärten werden hauptsächlich von Männern besucht, abgesehen allerdings von denen mit ausdrücklich für Familien reservierten Bereichen. Wenn man länger zusammensitzen will, wird schon mal ein ganzer Samowar bestellt. Aber normalerweise bringen die Kellner ein Glas bernsteinfarbenen Tees nach dem anderen an den Tisch. Dazu gibt es immer ein oder zwei Stücke Zucker zusätzlich, aber niemals Milch. Der Tee stammt von Plantagen

87: "Simit" - Brot mit Sesamkörnern - ist ein sehr beliebter Snack.

88: "Simit"-Verkäufer

Folgende Seiten:
89: Getränkeverkäufer

90,91: Die Blaue Moschee und ihr Innenhof

92: Essiggurkenverkäufer

88

89

90

91

92

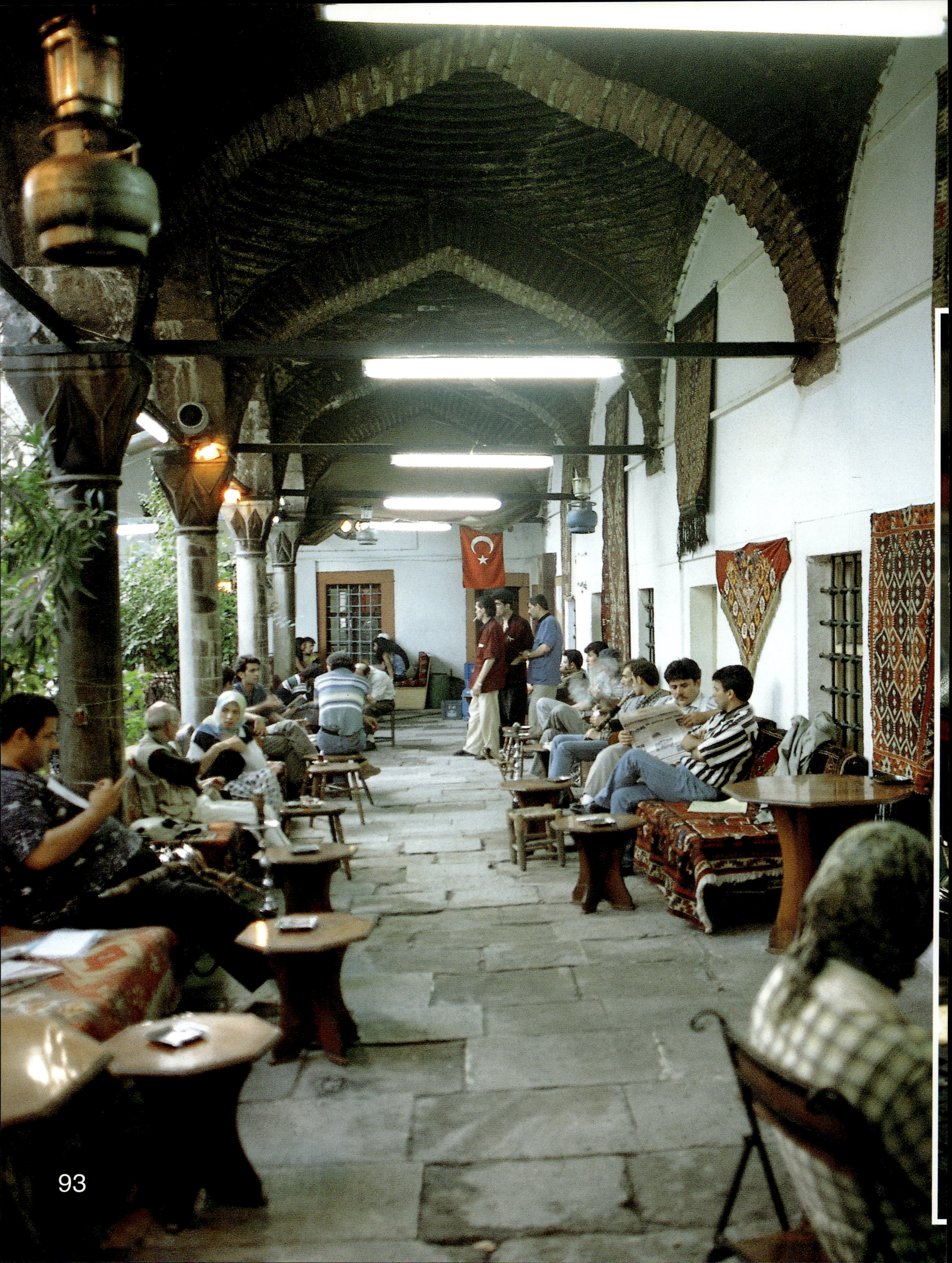

an der Schwarzmeerküste und ist sehr fein und erfrischend.

Manche Teegärten haben sich darauf spezialisiert, "nargiles" auszugeben, Wasserpfeifen für Tabakraucher. Dabei wird vielleicht der ein oder andere an die Raupe erinnert, die in Alice im Wunderland eine Huka raucht. Ein Stopfen gepressten persischen Tabaks wird in den Pfeifenkopf gesteckt, mit brennender Kohle angezündet und der so entstehende Rauch wird durch Wasser geleitet und damit abgekühlt.

93: Wasserpfeifenraucher in einem Teegarten

94: Getränkeverkäufer

Folgende Seiten:
95: Die Yeni-Moschee am Bosporus

96: Rumeli-Festung, 1452 erbaut

97: Türkischer Obdachloser

95

97

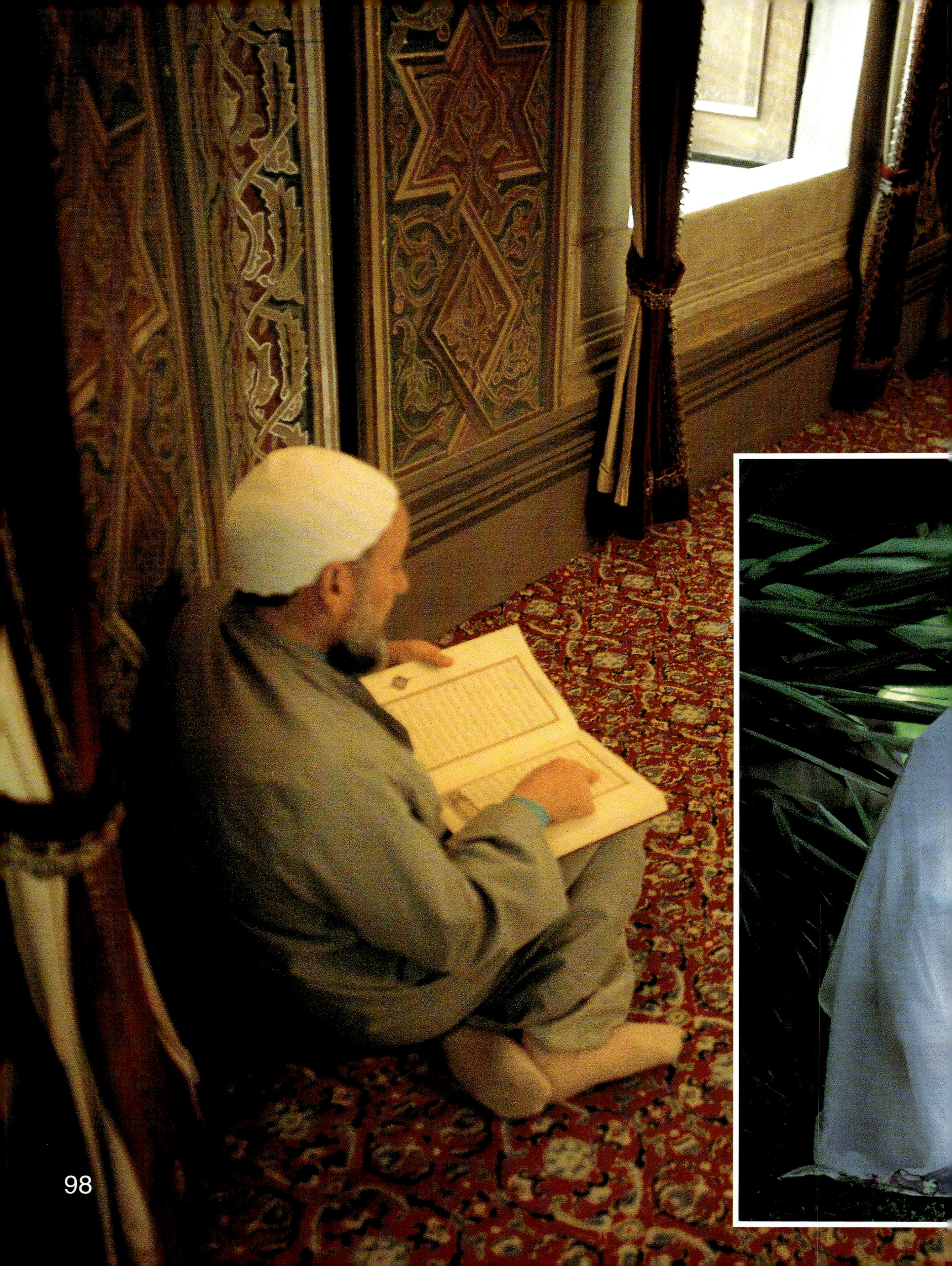

98: Betende Moslems

99: Türkinnen mit dem Koran

Folgende Seiten:
100: Im Inneren der Blauen Moschee
101, 103: Mosaiken der Kariye Moschee
102: Wandmalerei
104, 105: Wasserstellen im Außenbereich der Moscheen

Religion

Die Männer herrschen nicht nur in den Teegärten vor, sie bestimmen auch das Bild in den Moscheen, während die Frauen unsichtbar in abgetrennten Galerien beten. Der Islam verlangt, dass vor dem Gebet die Hände und Arme, die Füße einschließlich der Fußgelenke sowie Kopf und Nacken unter fließendem Wasser gereinigt werden. Dies ist der Grund für die Reihen kleiner Wasserzapfstellen vor jeder Moschee. Und bevor man die Moschee betritt, werden die Schuhe ausgezogen. Dies ist keine religiöse Vorschrift, sondern ein Gebot der Vernunft, da Moslems während des Gebets auf Teppichen knien und sie mit der Stirn berühren, und darum ist es sinnvoll, sie nicht zu beschmutzen.

101

100

102

104

103

105

Verkehr

Bus und Taxi sind die eher prosaischen Möglichkeiten, sich in Istanbul fortzubewegen. Ein beliebtes und preiswertes Beförderungsmittel ist das "dolmus", eine Art Gemeinschaftstaxi, das erst abfährt, wenn alle Plätze besetzt sind. Es macht den großen Reiz dieses Systems aus, dass manche "dolmus" alte amerikanische Spritfresser sind - Original-Cadillacs, -Dodges und -Chevrolets.

Aber auch Fähren und Boote spielen im täglichen Leben eine wichtige Rolle. Mit ihnen setzen Passagiere vom asiatischen zum europäischen Ufer über und Pendler aus den Vorstädten gelangen mit ihnen ins Stadtzentrum. Auf Fischerbooten, die in Eminönü am Goldenen Horn am Kai festgemacht haben, werden Makrelen über Gasbrennern gebraten, in einen Brocken Brot gepackt und an hungrige Passanten verkauft.

Brücken sind ebenfalls von großer Bedeutung. Die malerische alte Galata-Brücke, ein schwimmendes Ponton über das Goldene Horn, das die Altstadt mit dem Geschäftsviertel verband, ist durch eine moderne, leistungsstarke, sechsspurige Schnellstraße ersetzt worden. Glücklicherweise ist die alte Brücke mit ihren baufälligen kleinen Restaurants, die nun unterhalb der Schnellstraße liegt, nach einem Brand als Fußgängerbrücke restauriert worden. Die Hängebrücke, die bei Ortaköy über den Bosporus führt und die viertgrößte ihrer Art in der Welt ist, präsentiert einen noch eindrucksvolleren Anblick.

106: Frachtschiff in der Nähe der interkontinentalen Brücke

107: Straße in der Nähe der Süleyman-Moschee

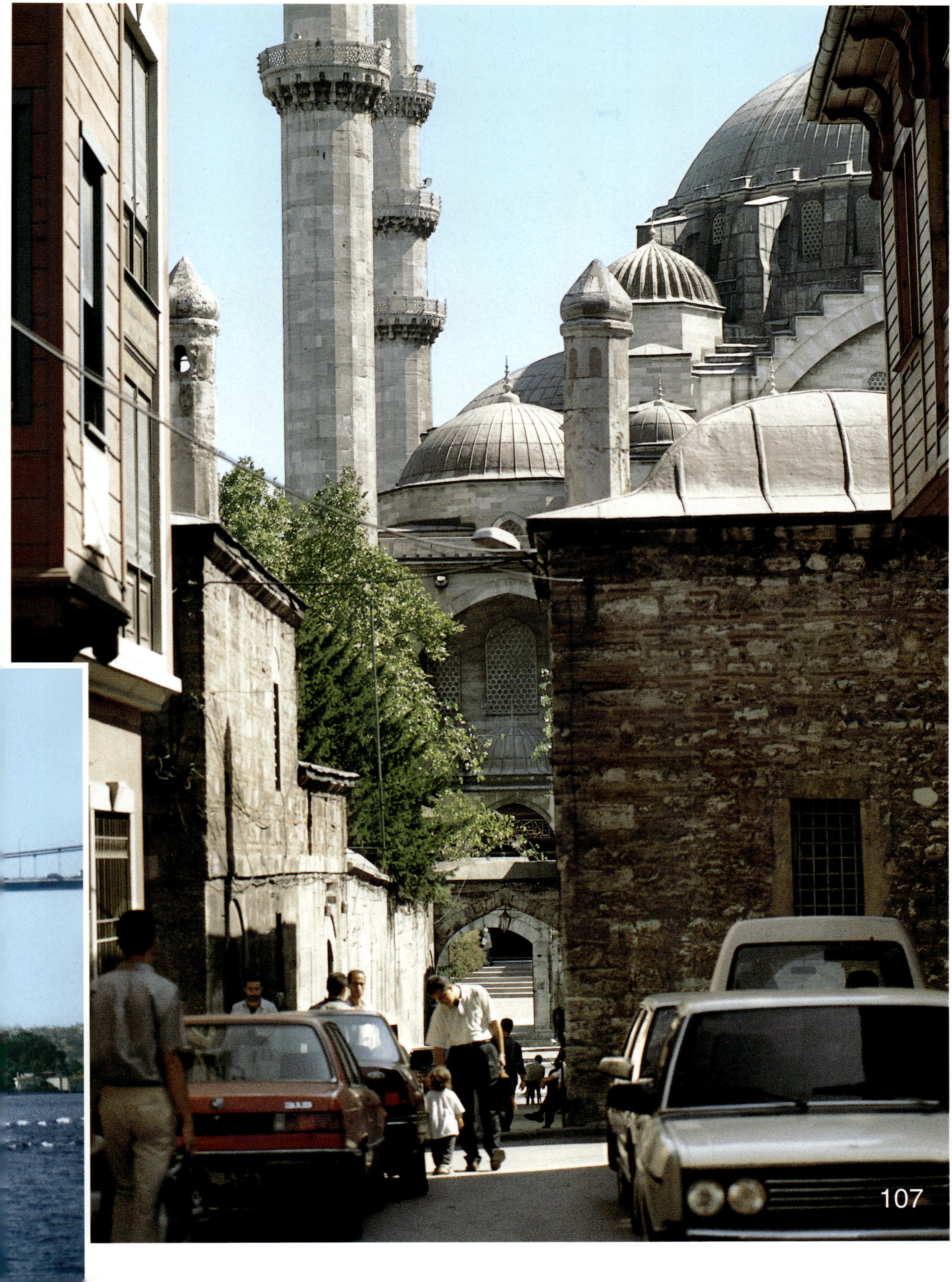

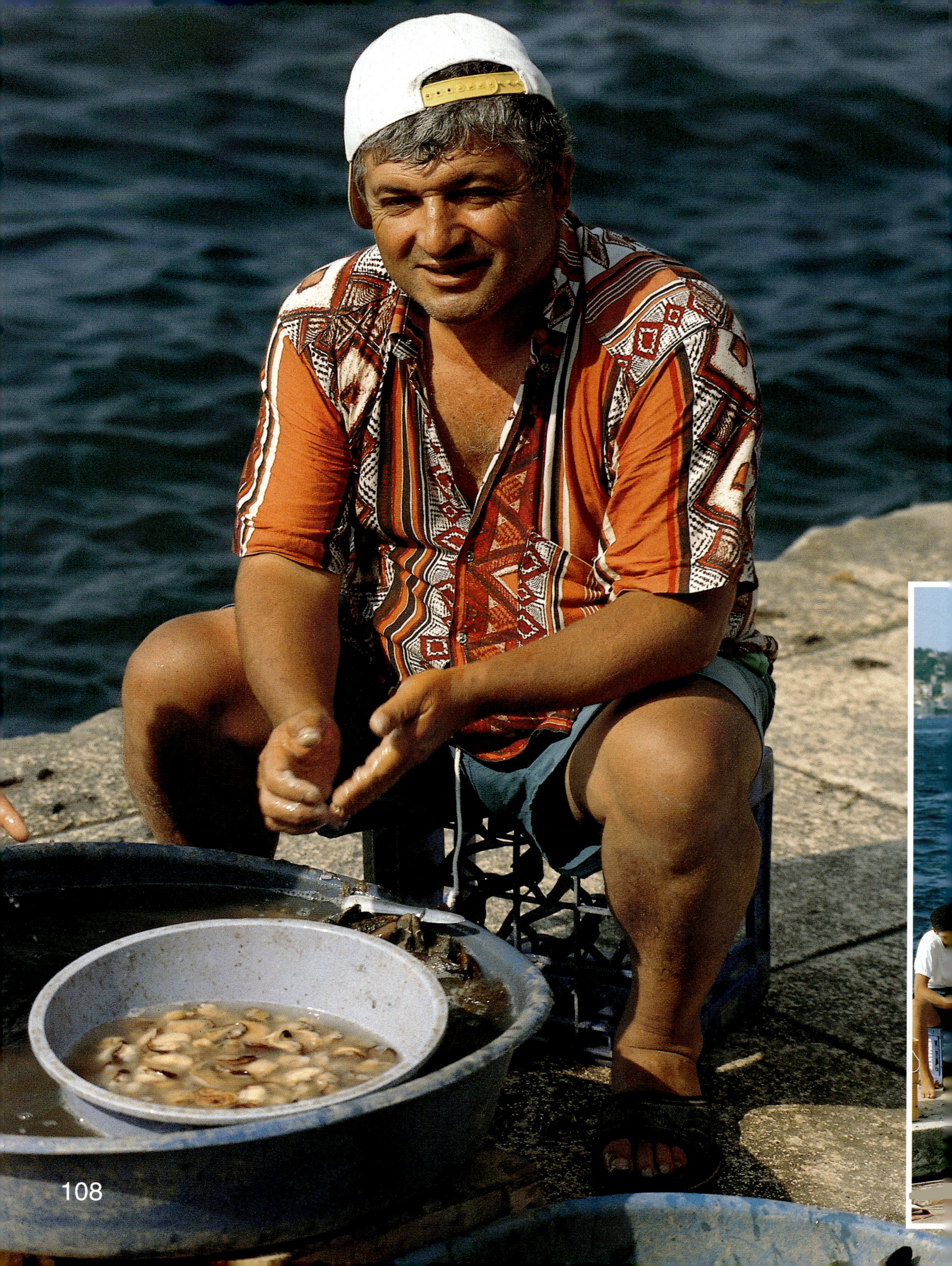

108, 109, 110: Im Fischerhafen von Beylerbeyi

Folgende Seiten:
111: Die Hängebrücke, die bei Ortaköy über den Bosporus führt und Asien mit Europa verbindet.

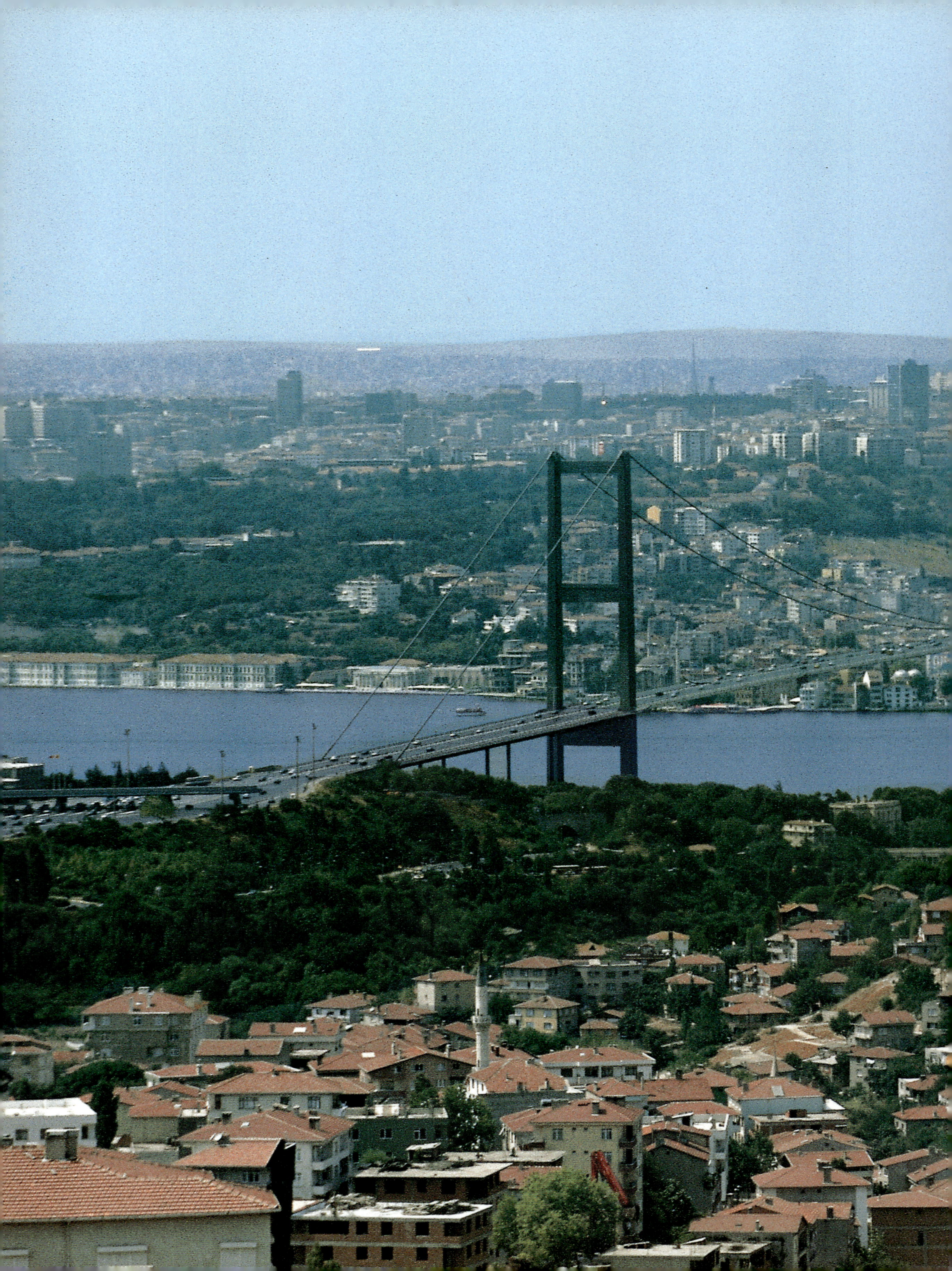

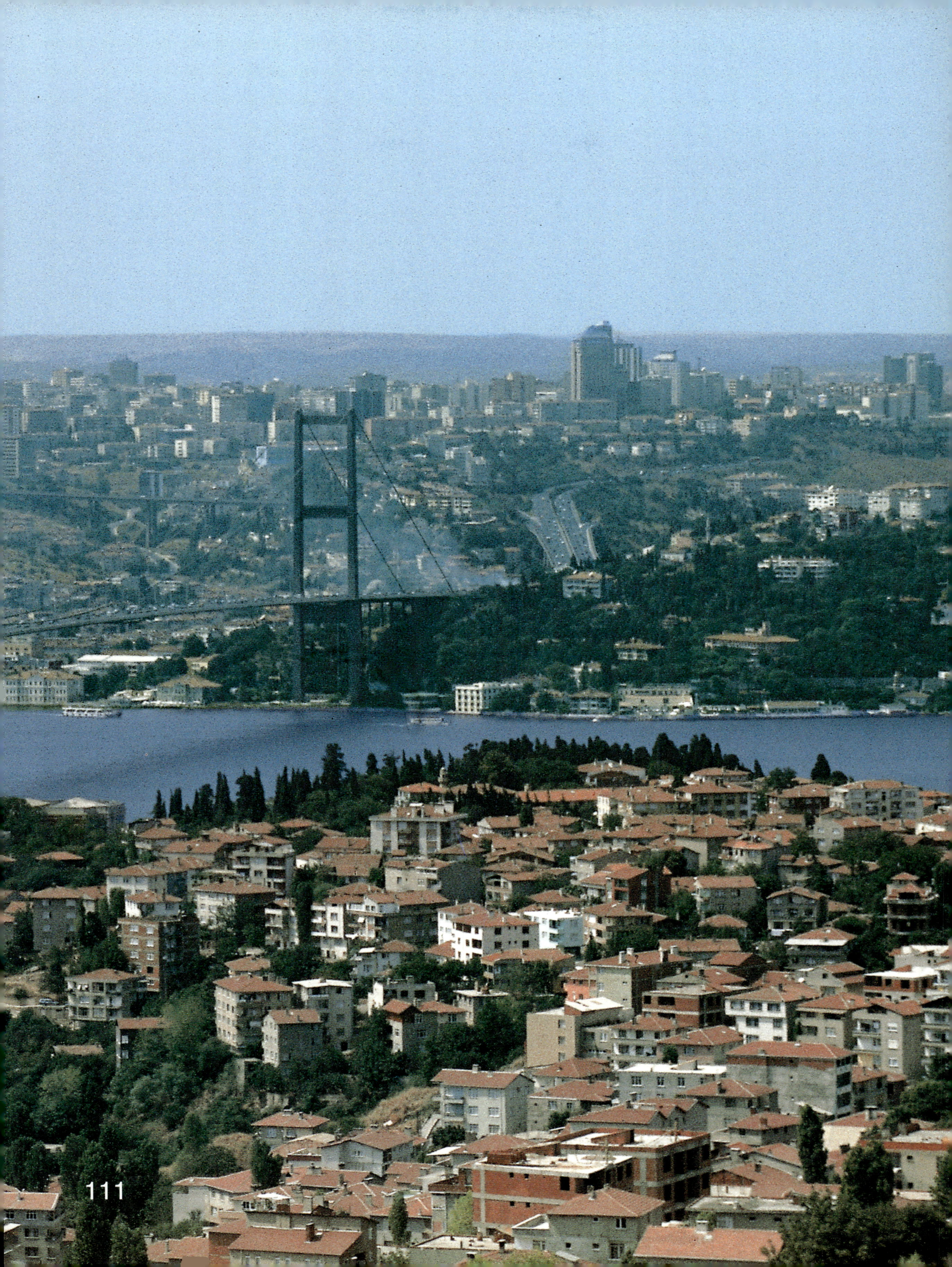

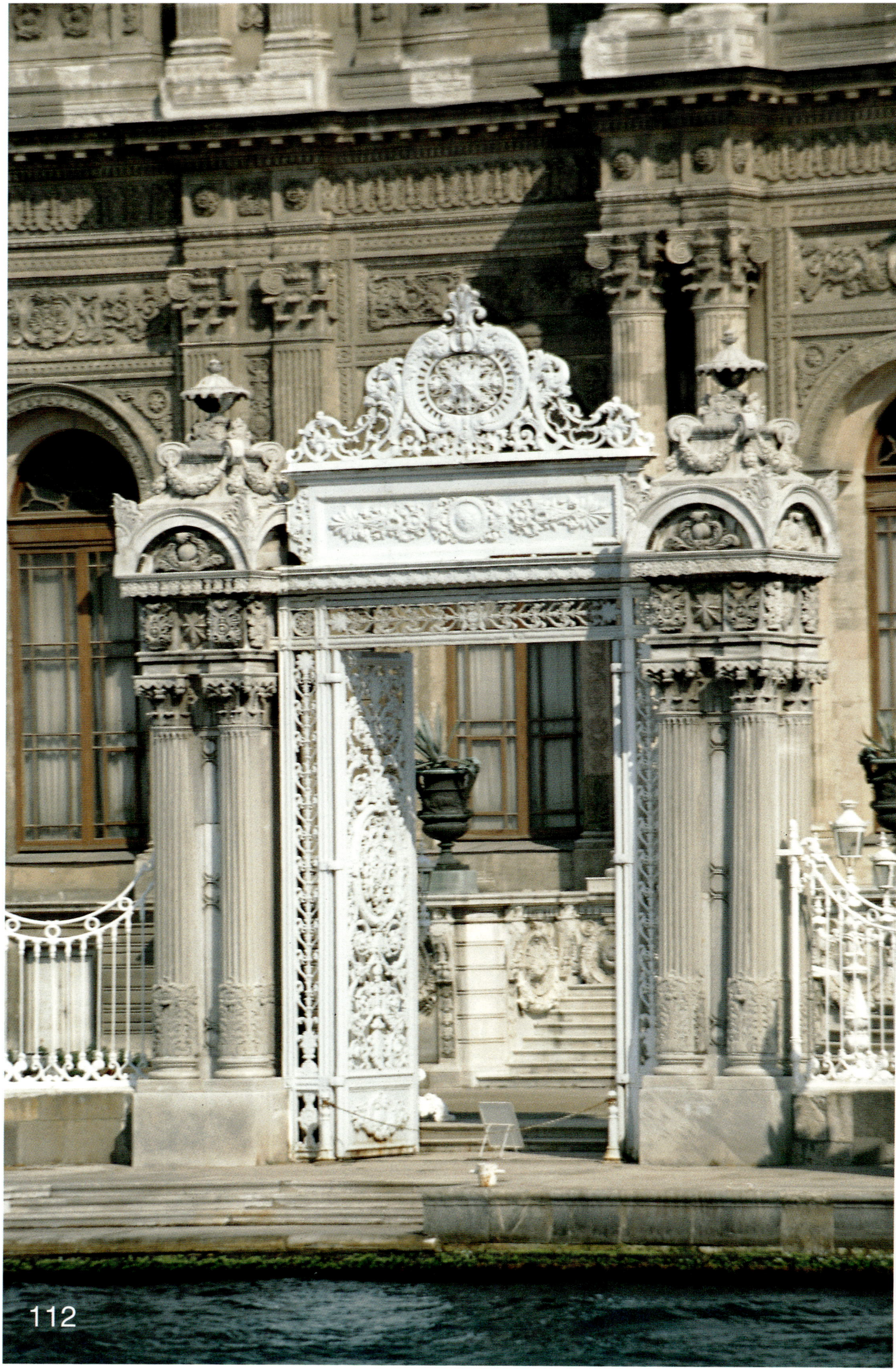

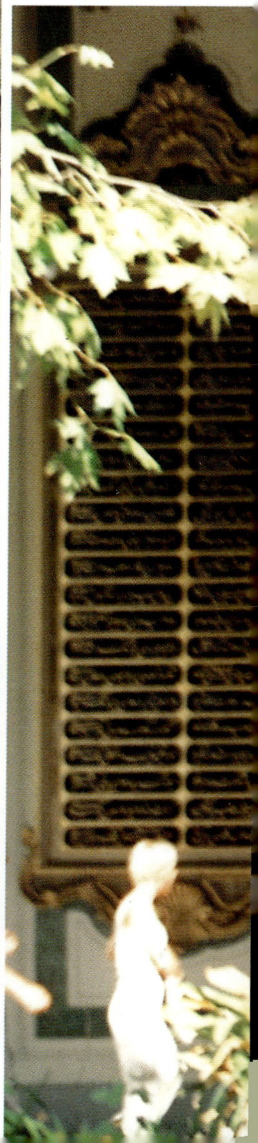

Das Türkische Bad

112: Der Dolmabahce-Palast vom Bosporus aus

113: Eingangstor zum Topkapi-Palast

Folgende Seiten:
114: Details am Eingangsbereich zum Topkapi-Palast

115: Eingangstore zum Dolmabahce-Palast

116: Im Park des Dolmabahce-Palastes

Das "hamam" oder türkische Bad gehört zu den besonderen Annehmlichkeiten des Lebens in der Türkei. Die Gebäude mit ihren typischen Kuppeldächern sind von der Straße aus leicht zu erkennen und haben entweder getrennte Eingänge oder aber unterschiedliche Öffnungszeiten für Männer und Frauen. Im Mittelpunkt des runden "hararet", des Hauptbaderaumes, befindet sich eine erhobene Steinplattform über dem Ofen. Am Rand sind Steinbecken angebracht, damit man sich waschen kann, bevor man sich massieren oder mit einem Luffa-Fäustling abreiben läßt.

In der Nähe der Hagia Sophia liegt das dreihundert Jahre alte Cagaloglu-Bad. Hier sollen schon Florence Nightingale, Franz Liszt, Kaiser Wilhelm II. sowie Edward VIII. Dampfbäder genommen und sich dem wohlig schmerzhaften Abreiben unterzogen haben.

Das Tarihi Galatasaray-Bad liegt jenseits des Goldenen Horns in der Nähe der Istaklal Caddesi. Es handelt sich um ein wunderschönes altes Badehaus, dessen "hararet" aus Marmor ist und wo das Licht gedämpft durch kleine Oberlichter im Kuppeldach fällt. Dies ist der perfekte Ort, um nach einem erlebnisreichen Tag auszuspannen.

14

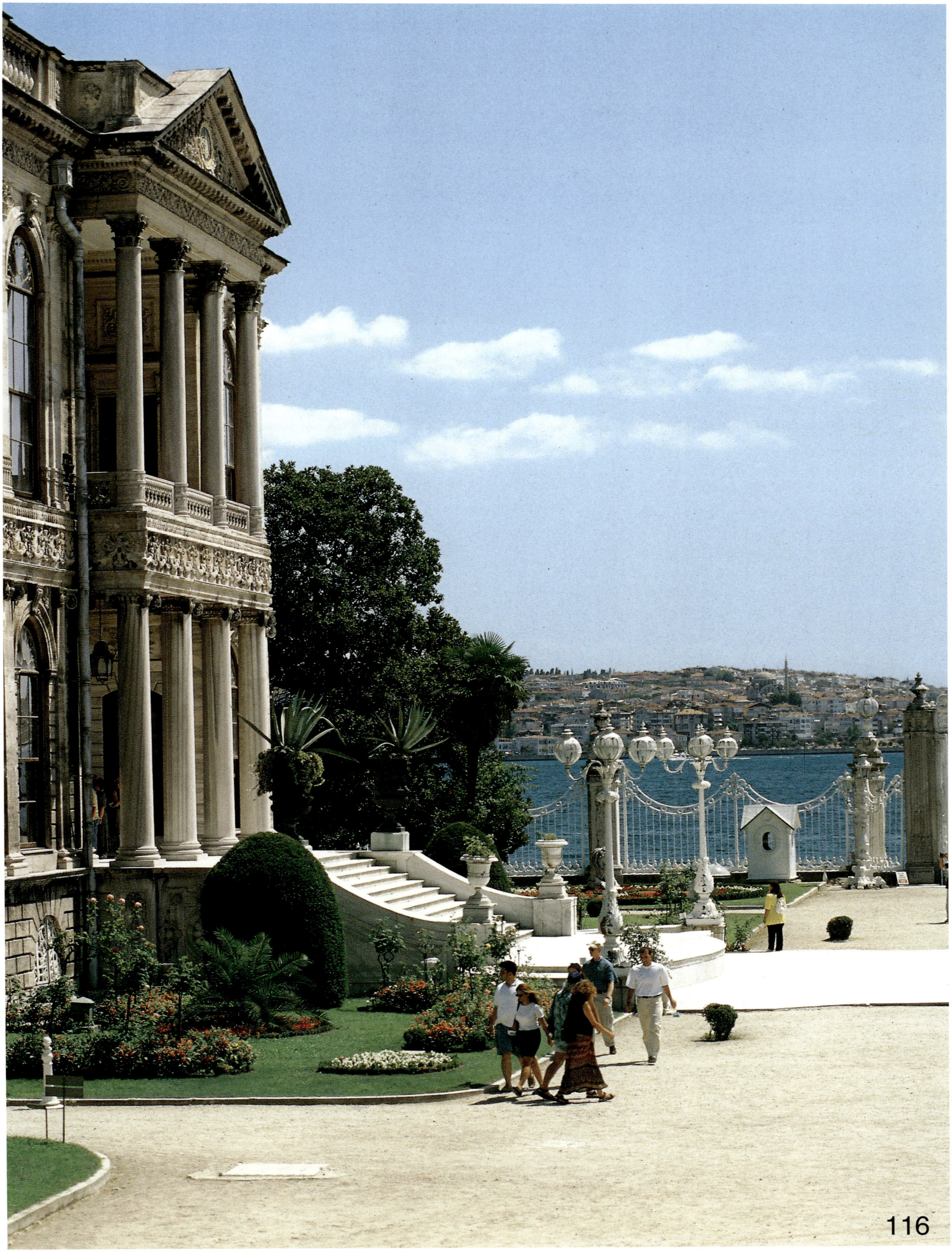

117

117: Die Yeni-Moschee am Bosporus

118: Der Goldene Hut im 4.Hof des Topkapi-Palastes

119: Eingang der Süleyman-Moschee

Fotonachweis:
Klaus H. Carl

Herausgeber:
Jean-Paul Manzo

Verlagsassistentin:
Anja Vierkant

Text:
Sharon Amos

Satz und Layout:
Kenny Geran, Parkstone Press LTD

Gedruckt in Europa. Drucklegung: 2.Quartal 1999
ISBN : 185995 593 2

© Parkstone Press, Bournemouth, England, 1999
Alle Rechte für alle Länder vorbehalten

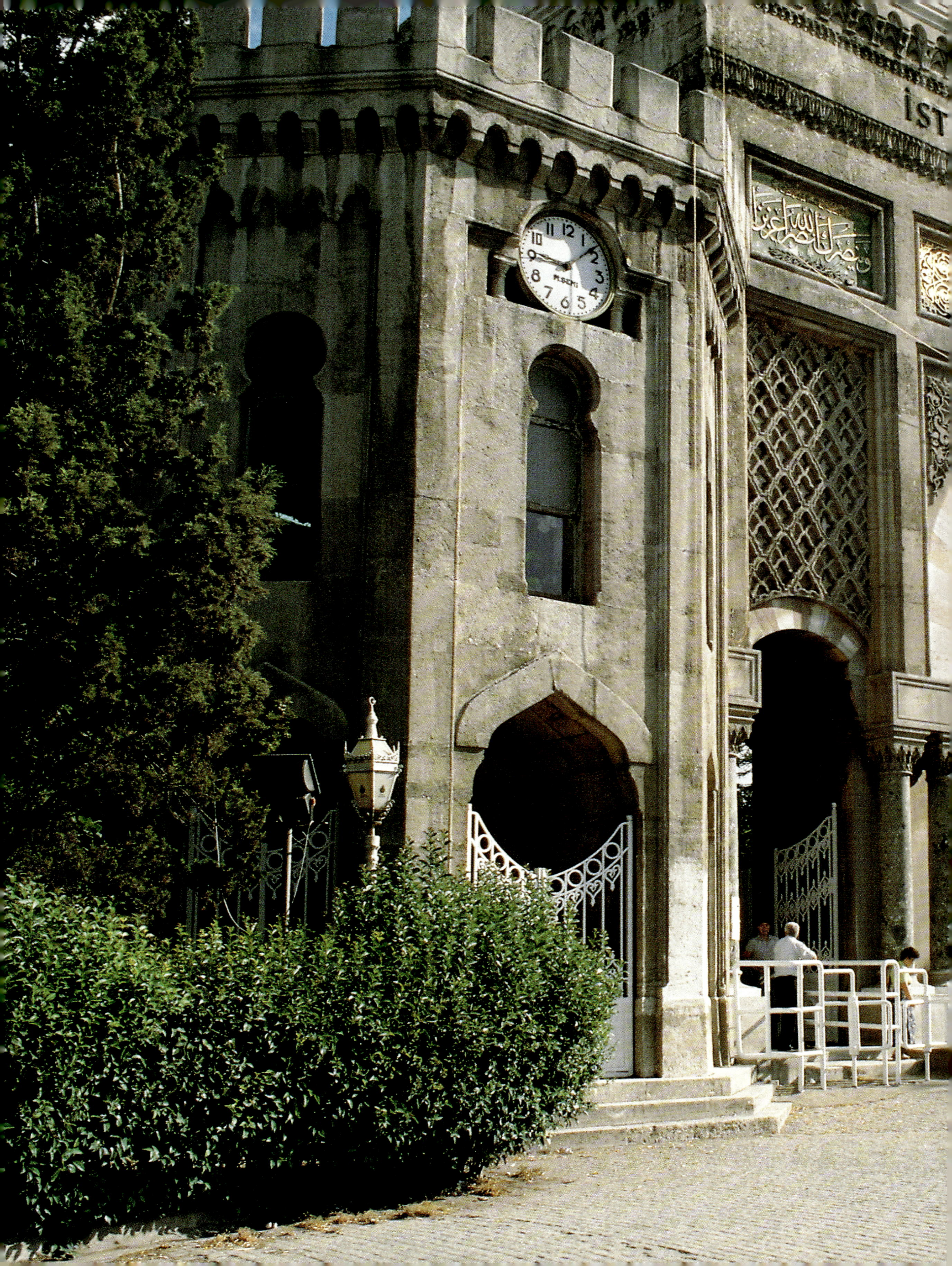
İST

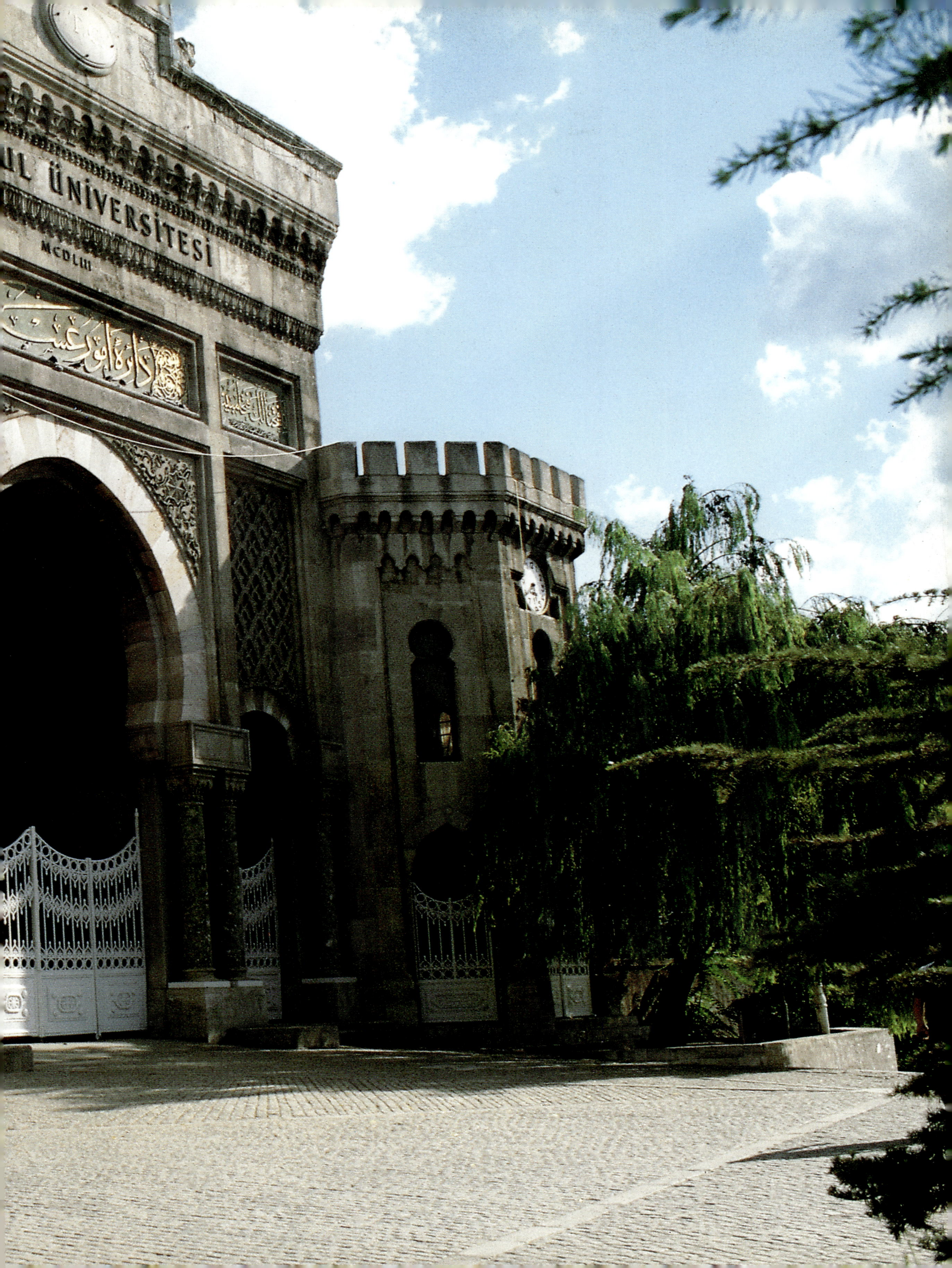
ÜNİVERSİTESİ
MCDLIII